문육자 수필집
그 겨울밤의 물소리

소소21

그 겨울밤의 물소리

문육자 수필집

1판 1쇄 인쇄/ 2013년 3월 10일
1판 1쇄 발행/ 2013년 3월 15일

지은이 / 문 육 자
펴낸이 / 우 희 정
펴낸곳 / 도서출판 소소리

등록 / 제300-2007-21호
주소 110-521 서울 종로구 명륜동 1가 33-90
　　　　　　경주이씨 중앙회빌딩 302-1호
전화 / 765-5663, 766-5663(Fax)
e-mail : sosori39@hanmail.net
www.sosori.net

값 10,000 원

*잘못된 책은 바꿔드립니다.

ISBN 978-89-97294-30-5   03810

그 겨울밤의 물소리

문육자 수필집

책을 내면서

낮은 촉수의 전등불 아래 앉으면 부끄러움만이 일렁인다.
스님들이 동안거에 들어간 후에도 알몸의 나뭇가지에서
울어대는 곤줄박이처럼
하얀 눈으로 부끄러움을 꾁 감고 싶다.

서늘한 겨울밤의 물소리가 내내 늑골을 타고 내리기에
그 속에 영혼을 띄운다.
꽃눈이 벙그는 봄이 오면
누군가의 가슴에 영혼의 한 자락이 위로가 되고
빛이 되기를 바라며, 내 정신적 외출의 부끄러움을
세 번째 수필집으로 펴낸다.

2013년 봄

문응자

▶차 례

▶책을 내면서

1. 야생화가 배냇짓 하듯

달팽이 _13
거리의 음악을 가방에 담다 _15
그 자리에 그대로 _19
호기심천국 _23
마음 밭에 심어진 노래 _27
벙어리고모 _31
반백년의 나들이 _36
어머니의 향기 _40
24년 _43
외 가 _48
빗소리 _52
호텔 캘리포니아 _56

2. 버팀목과 하루의 새로움

그들의 향연 _63

그림자 _67

날 개 _72

메일, 배려와 만남 _76

밤의 선물 _80

사라짐에 대하여 _84

새벽길 _88

오프사이드 반칙 _91

왜 _94

정지선(停止線) 앞에서 _98

24에서 50까지 _101

갑사(甲寺)에서의 하루 _106

3. 딱 한곳으로만 가는 눈길

그리운 바보 __113
가을빛 따라 __118
기다림, 그리고 아쉬움 __122
눈 감을 수밖에 __126
사이펀에 내리는 커피 __131
섬, 그 꿈의 나라 __135
소리, 그 흐름을 따라 __139
수렛골로 띄우는 편지 __145
죽비소리 __150
한 달 __155
통 속에서 __158
거제의 바다 __161

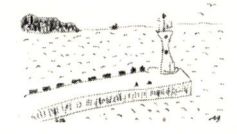

4. 하루를 장식하는 바람

겨울, 그 따뜻한 품 __167
맞이방에서 __172
북촌의 봄 __176
수리부엉이의 사랑 __180
낙엽, 일어서다 __184
숲길을 가며 __189
직지사 풍경 __194
축제장에서 만난 계영배 __199
훈데르트바서의 창 __203
그 늘 __207
숭 어 __212
이스트우드의 밤 __216

1.
야생화가 배냇짓 하듯

달팽이

　가을비가 촉촉이 내리는 날 아파트 산책로에서 달팽이를 만났다. 멱을 감고 싶었을까. 그러나 밟히기라도 하면 삶을 마감할 수밖에 없음을 아는지 머리에 솟은 성냥개비 뿔 두 개를 부지런히 흔들며 가고 있었다.
　초등학교 1학년 때부터 교실에서 달팽이를 키웠다. 중학생이 되어서야 그 귀찮은 일을 마다하지 않고 당번을 했던 이유가 달팽이를 닮아 있는 자신 때문이었음을 알게 되었다. 자신을 드러내기가 부끄러워 항상 뒤꽁무니였고, 비가 내리면 혼자 가까운 산을 찾는 내 모습은 빗소리에 장단 맞춰 뿔을 흔들며 배밀이하는 달팽이였다.
　그런데 오늘 만나게 된 달팽이는 뿔보다 등에 짊어진 집이 더 먼저 눈에 들어왔다. 집이 피난처가 되어 주니 든든하지만 그 집은 무거운 짐처럼 느껴지지 않았을까. 그래도 그것이 안식처이니 세간을 짊어지고 돌아다니는 노숙자처럼 무거운 껍질을 등에 지고 기어갔나 보다.

그 순간 나와 언니가 달팽이와 그 집이라는 생각을 하게 되었다.

우린 일찍 부모님을 풍장했고 단 둘만 남겨졌다. 언니는 형부를 이르게 저 세상으로 보내었고, 질곡의 세월 속에서 스물다섯 살의 뇌성마비 아들조차 아리게 가슴에 묻었다. 그런 후, 시작한 우리의 한집 생활은 20년이 훌쩍 넘었다. 만성 피곤으로 시달리는 나를 대신하여 내 식구들 건사며 집안일은 언니가 하고, 온전하지 못한 언니가 외출할 때 발 노릇은 내 몫이다.

그러나 어찌 감정의 대립이 없겠는가. 인간이란 자기 본위라, 베푼 것은 태산 같고 받은 것은 먼지 같으니 화나고 속상하면 서로가 버리고 싶은 짐이 된다. 그러나 그것도 잠깐, 달팽이와 짊어진 집처럼 서로에게 손발이 되고 위로가 된다. 그러니 아무리 버거워도 버릴 수가 없다.

비가 굵어진다. 바삐 기어가는 달팽이는 집 속에서 따뜻하게 겨울을 나고 신나게 뿔을 흔들며 봄 향기에 취해 나들이를 나오겠지.

그러면 우리도 밖으로 나와 푸른 하늘을 보며 끈끈해진 손을 잡고 별 바라기를 하리라.

거리의 음악을 가방에 담다

> 아이야 누이야 꿈꾸어 보렴
> 거기 가서 함께 살 감미로움을!
> 한가로이 사랑하고 사랑하다 죽으리
> 그대 닮은 그 고장에서
>   - 보들레르, 「여행에의 초대」

밤마다 여행을 꿈꾼다. 역마살이 끼었다고 살아생전 어머니는 푸념을 하셨지만 어쩔 수가 없다. 릴케의 「두이노의 비가」를 읽는다거나 빈센트 반 고흐의 화집을 들추는 날은 몸살 앓듯 여행을 그린다. 그 시간은 꿈꾸는 로맨티스트다. 아침에 호텔 창문을 열면 올리브 나뭇가지 사이로 햇살이 떨어지고 순한 사람들의 미소가 멀리 보이며 커피향에 소스라치는 그런 여행을 꿈꾼다. 그러나 영원히 돌아오지 않을 여행을 그리는 것은 아니다. 돌아올 고향, 그리고 푸른 하늘의 고국이 있다는 것이 떠남에 큰 무기인지도 모른다.

　여행 가방을 항상 곁에 둔다. 누군가가 함께 떠나자고 한다면 떠날 것처럼. 그리고 밤마다 간추리기도, 또 넣기도 하면서 설레는 가슴을 달랜다. 가방 속에는 항상 음악이 담긴 MP3가 자리를 차지하고 구김이 가지 않는 가벼운 원피스도 잊지 않는다. 그 원피스는 음악회용이다. 어느 나라에서든 음악회에 갈 수 있는 여건이 된다면 거기에 가기 위한 준비이기도 하다. 그리고 지인들이 나를 위해 기도하며 만들어 준 묵주를 넣는다. 남들처럼 머리 손질이 요란하지 않고 그저 빗질 한 번이면 족한 머리카락이 짐을 덜어 준다.

　제법 오래전의 일이다. 여행사의 패키지여행이나 연수 관계로 떠나게 되는 여행은 항상 허기지기만 하여 친구와 배낭여행을 감행했다. 그리던 동유럽이었다. 몇 달을 책자를 보며 공부했고 기초적인 그곳의 언어들을 익혀 떠났지만 세상은 만만치 않았다. 좌충우돌이었으나 가고 싶은 미술관을 시간 제약 없이 관람할 수가 있었고 폴란드에서는 저녁마다 열리는 '쇼팽의 밤'에서 음악을 맘껏 즐기기도 했다.

　가방은 채워져 갔다. 배낭여행이니 무거워서는 고생이다. 그러나 우리들의 가방엔 음악회의 프로그램이며 CD, 그리고 욕심스레 산 화집까지도 있어서 배낭이 아니라 승용차로도 모자랄 판이었다. 친구는 화집을 집으로 우송하기도 했다.

동유럽은 문화와 역사의 광장이다. 음악가며 문인들의 생가를 찾아 헤매었고 그때마다 여행 가방은 무게와 부피를 더해갔다. 나중엔 단벌만 두고 옷을 처분하기도 했다.

이때뿐만이 아니다. 여행에서 돌아올 때의 내 가방엔 대개 이런 책자들로 채워졌다. 그리고 빠지지 않는 것이 길거리에서 거리의 악사들이 연주하며 판매하는 CD였다. 그들의 무명이 오히려 좋았고 진솔한 감정에 마음이 빼앗기기 때문에 사는 것을 주저하지 않았다.

스페인 여행 때였다. 건축가 가우디의 작품인 구엘공원에서 거리의 악사는 클래식기타로 애절한 「알함브라 궁전의 추억」을 연주하고 있었다. 그는 한유로운 오후를 선사하고 있었다. 물론 한 장을 샀다. 지금도 그 CD 속에는 그날의 내가 숨 쉬고 있다. 포르투칼에서는 그들의 한이 서린 전통 음악 '파두'를 노래하는 것을 샀고, 러시아에서는 음악을 전공하는 학생들이 작은 광장에서 연주하는 비발디의 「사계」를 샀다. 자작나무의 울음소리에 잠을 설치고 나선 아침, 학생들이 들려주는 바이올린 협주곡 「사계」가 발걸음을 잡아 일행을 잃어버린 아찔함까지도 겪게 했다. 그 외에도 거리의 음악은 보헤미안처럼 나서는 내게 위안이 되었다.

이렇게 돌아오는 내 여행 가방엔 향수와 사랑과 그들의 한이 서린 음악이 담긴다. 물론 그것만은 아니다. 나를 위해 기도하는 이들을 위해 아주 작은 토산품으로 가방을 채우고, 전자우편보다는 고운 편지지에 소식을 전해 오는 이들의 편지를 읽기 위해 편지봉투 자르는 칼을 사 넣는 것도 잊지 않는다.

해프닝이 있었다면 호주에서는 만지작거리며 가지고 놀다가 짐 속에 부치지 않고 공항까지 나왔으니 흉기(?)라 하여 압수당하고 말았다. 다른 여행지에서보다 하나의 품목이 줄어든 채 돌아온 셈이었다.

그 자리에 그대로

"…같은 모습, 같은 자리에 있기에 세월을 넘어 쉽게 알아보았습니다…"

인생을 요리하는 요리사가 되겠다며 미국으로 이민 간 지인이 35년 만에 고국을 방문한 후 돌아가서 보낸 메일이었다.

'같은 자리'란 어디를 말하는 것일까. 운신(運身)의 폭을 넓히지 못했고 표정과 차림도 별반 다름이 없는 '그 자리'라는 뜻이리라. 주변머리가 없고 그 기간 동안 병마라는 군식구와 동거하면서 다독이느라고 파종한 못자리 하나 옮겨 심을 여력이 없었던 탓일 게다. 어쩌면 뜀뛰기 한 번 할 줄 모르는 것 같기도 하지만 정심(正心)이라고 할까, 초심(初心) 그대로라고 할까. 얼굴에 패인 몇 개의 고랑을 제외하면 그대로에 틀림없는 것 같다. 그러나 그것을 답보라고는 생각하고 싶지 않다. 사고의 영역은 넓어지고 사물을 보는 눈은 따뜻해졌기 때문이다. 그 자리는 내 영혼을 살찌운 자리다.

젊은 날에는 자기밖에 모르는 남편에 대한 미움으로 바장이다 세월이 흐르면서 내가 만든 틀에 상대방이 들어와 주기를 바랐던 어리석음이었음을 알았다. 있는 그대로를 받아들이면서 얼마나 홀가분해졌던가. '그 자리 그대로'라는 말은 주어진 대로 인정하고 감사히 받아들임으로써 이루어진 것이었다. 요모조모 재는 일 없이 세상은 아름다움만이 존재한다고 생각하던 젊은 날의 초상을 그대로 안고 있는 자리였다.

오래전에 유럽을 여행할 때였다. 패키지여행이어서 여행에서 자잘하게 필요한 것들 때문에 총무를 정했다. 일행 중 가장 젊은 청년에게 총무를 맡겼고 얼마씩을 거두어서 공동경비로 쓰자고 했다.

안개비가 내리던 영국의 하이드 파크며 대영박물관에서 영국인들이 억척스레 모아들인(?) 세계문화유산을 감탄 속에서 보았다. 프랑스로 건너갈 동안 우리의 총무는 열심히 소임을 다했다. 센 강을 유람선으로 지나며 미라보 다리를 만났을 때는 시인 아포르네르의 '미라보 다리 아래 센 강은 흐르고 우리네 사랑도 흘러내린다'를 읊어서 나도 연인이었던 마리 로랑상의 '죽은 여자보다 더 불쌍한 여자는 잊혀진 여자외다'라는 시의 구절로 응답하기도 했다.

 이태리에 도착했을 때 가이드는 누누이 집시를 조심하라고 했다. 영화「로마의 휴일」을 떠올렸던 스페인광장이며 트레비 분수. 신혼여행 온 사람들이 길을 잃으면 회갑 때 만난다는 농담을 하며 미로 같은 카타콤을 낙오자 없이 지나왔다. 그러나 정작 전망이 좋다는 팔라티노 언덕에서 일행을 세어보던 가이드는 한 사람이 보이지 않는다고 했다. 어디서부터 한 사람이 보이지 않았는지 알 수 없다고 했다. 여러 사람이 카타콤엔 함께하지 않은 것 같다며 입을 모았다.

 트레비 분수! 가 볼 만 한 곳은 거기밖에 없었다. 열 명 남짓한 관광객에 가이드 실습생까지 있으면서 한 사람을 잃어 버렸다. 실습생이 택시를 타고 트레비 분수로 갔을 때 우리의 총무는 트레비 분수 앞에 그대로 있었다. 아니, 집시에게 모두를 날려 버린 이후였다. 낚아챈 집시를 쫓다 일행을 잃어버린 채 망연한 모습으로 우리의 총무는 트레비 분수에 동전을 던지고 있었단다. 무엇을 소원하고 있었을까.

 '그 자리에 그대로' 있어 준 그. 동전 몇 닢을 제외하고는 빈 털털이가 된 그를 찾았다는 기쁨으로 다른 이들은 안도의 한숨을 내쉬었다. 그 자리 그대로란 시발점이며 해후의 장소였던 것이다. 길을 나설 때의 설렘과 해후에 대한 긴 기다림을 '그 자리'는 품고 있었다.

　처음으로 해외에 나왔으니 부모님께 작은 선물이라도 하나 사 드리라고 우리들은 아주 적은 액수를 거두어서 주었던 것으로 기억된다. 실수를 부끄러워하던 그에게 그 자리는 도약의 자리가 될 지도 모르겠다. 그리고 언젠가는 고향을 찾듯 감회에 젖어 그 자리를 찾아가는 날이 있으리라.

　사실 생각해 보면 같은 자리란 같은 마음자리임에 틀림없는 것 같다. 언젠가는 내가 있는 그 자리에 나를 찾아오리라는 믿음 같은 것이다. 그리고 자신의 내면을 보고 싶을 때 찾아갈 수 있는 자리가 아닐까.

　다시 날아온 지인의 메일은, "죽었다고 생각한 사람을 만났는데 사노라면 언젠가 또 만나겠지요. 같은 모습, 같은 자리에 있어 준다면 또다시 쉽게 알아 볼 수 있을 거여요. 건강하길 기도 할게요"였다. 분명 그 자리는 품속에 잠들어 있는 젊은 날의 모습을 발견할 수 있는 자리였다. 소쇄바람 같은 내 마음자리였다.

호기심천국

"제가 별명 하나 지어 드리죠, '호기심천국', 이런 저런 궁금증을 푸시려면 어쨌든 오래 사셔야겠습니다."

토마의 메일은 이렇게 시작되고 있었다. 이것저것 궁금해 하는 내게 뭐 그리 궁금한 게 많으냐는 소리다. 보통의 사람들은 전혀 궁금증을 가지려는 생각조차 하지 않는 소소한 일에까지.

내 호기심의 기원은 서너 살 때로 거슬러 올라간다. 어른들은 뒷간에서 일을 보는데 마당에서 남세스럽게 신문지 위에 변을 보라고 하나 싶어 큰 신을 끌고 뒷간으로 갔다가 미처 다리도 벌리기 전에 빠진 적이 있었다. 기억으로는 한 번밖에 없는데 나이 차이가 많은 언니의 이야기로는 학교에서 돌아왔을 때 떡을 하고 있는 날은 내가 그만 일을 저지른 날이었고, 그런 날이 심심찮게 있었단다. 눈 깜짝할 사이 이미 일은 벌어지곤 했기에 아예 뒷간의 깊이를 얕게 고쳤다고 했다.

그뿐만이 아니었다. 어머니를 졸졸 따라다니며 이것저것 물어보면 어머니는 나중엔 귀찮아 대답조차 하지 않았다. 그러면 꼭 확인하듯 일을 저질렀다.

어머니가 마당에서 절굿공이로 곡식을 찧던 날, 낟알은 이리 튀고 저리 튀어 한 손으로 훑어 넣어도 밖으로 도망가는 놈들이 더러더러 있었다. 어머니더러 왜 도망가느냐고 물어도 대답이 없어 내 손으로 훑어 넣어 주려다 멈추지 못한 어머니의 공이에 오른손 무명지는 박살이 났다. 어머니 이야기로는 키가 작으니 망정이었지 거꾸로 박혔으면 머리를 깰 뻔했다고 그나마 다행이라 했다. 지금도 무명지는 그날의 상처를 고스란히 짊어지고 있다.

마당이 넓던 집은 산 아래 있었는데 봄이 되어 눈과 얼음이 녹아내리자 산이 힘없이 주저앉더니 와르르 정신없이 우리 집을 덮쳐 버렸다. 절구통은 날아가고 우리는 근교의 고모님 댁으로 이사를 갔다. 몇 번 더 있었을지도 모르는 사고의 예방이 된 셈이었다.

그러나 거기에서도 조용히 지내지는 못하고 기어이 일을 저지르고 말았다. 우물가, 물 고인 작은 도랑에 폴짝폴짝 뛰는 개구리들이 내 관심사였다. 저놈들을 밀짚 대롱으로 배를 불려 놓으면 어떻게 될까. 배를 남산 만하게 불려서는 햇살 눈부신 한 길에 내어놓았다. 개구리들은 서로 몸을 부딪치며 도망치지도 못하고 뒤뚱거리는 꼴이라니! 킬킬거리며 웃음을 삼켰다. 아마 사고를 당한 개구리도 있었으리라.

아득한 회억의 저쪽이다. 가톨릭에 입문할 때, 신부님께 뭐라고 고백성사를 보았는지는 생각나지 않지만 대강의 내용은 잔인했던 어린 시절을 고하고 용서를 빌었던 것 같다. 그러나 신부님의 말씀은 기억이 나지 않는다.

다행인 것은 학교에 들어가면서부터 직장생활을 마감할 때까지 주로 공부와 관련해서 호기심이 발동했으니 크게 일을 저지른 기억은 없다. 단지 호기심으로 이것저것 하다 보니 한 가지도 잘 하는 게 없는 것이 흠이다.

그러다 우연히 제자인 토마와 24년 만에 모니터 위에서 만났고 하루에 한 번씩 서로 안부를 묻는다. 요상한 메일 주소를 사용하는 토마에게 이것저것 물었더니, '궁금증이 너무 많아 다 알려면 오래 사셔야겠네요.' 하는 것이 답신이었다. 토마는 오래전부터 블로그를 드나들어 내가 환자인 것을 잘 알고 있으면서 하는 소리다. 격려의 말이겠지.

토마도 알고 있으리라. 세월이 흘러도 숱 많은 머리카락 나풀

거리며 산야를 호흡하고 다니는 힘의 원천도 호기심의 발로로 이루어지고 있다는 사실을.

'나와 동거하는 많은 병마들이 극성스럽게 옷자락 붙들고 매달리지만 않았어도 토마와 비슷한 연배로 보일 수도 있지 않을까. 내 호기심들이 살아 있으니. 18년의 차이쯤이야.' 이런 터무니없는 망상의 메일에도 토마는 웃으며 고개 끄덕이리라. '지긋지긋한 병마에도 잘 견디고 계시군요.' 이러면서.

그렇다. 기우뚱할 때마다 일으켜 세우는 호기심으로 인해 모니터 앞에서 밤을 밝히기도 하고, 바래가는 책들을 뒤적이며 여정을 노트에 메모해 보는 흥분을 맛보기도 한다. 거기엔 섬이 기다리기도 하고, 야생화가 바람에 배냇짓을 하듯 배시시 웃는 모습도 있다. 밤의 적막이 순라군이 되어 동네를 휘휘 돌아오고 날이 밝아오면 쌓여가는 사유(思惟)의 무게에 흐뭇해하기도 한다.

그러기에 호기심은 살아가는 버팀목이며 또 하나의 새로운 세계를 창조해 내는 신비다. 이러한 호기심이 사라지는 날이 온다면 내 삶은 구르는 한 잎의 낙엽일지도 모르겠다. 푸르고 싶다. 싱싱히 살아 하늘을 가슴에 받고 싶다.

그런 생각만으로도 벌써 힘이 솟는다. 그러기에 호기심은 나를 살아 숨 쉬게 하는 크나큰 존재다.

마음 밭에 심어진 노래

　음악은 내게 위안이다. 클래식이 주는 침잠과 가녀린 떨림 같은 희열, 흘러간 팝 음악이 주는 카타르시스, 한을 서리서리 풀어내는 장사익의 목소리까지 어느 것 하나 가슴 울리지 않는 것이 없다.
　42세에 요절한 재클린 뒤 프레의 첼로 연주에 취해 밤을 밝힌 날, 굳어가던 그녀의 몸이 바로 내 몸 같아서 마음을 다스리기도 힘들었다. 음악은 내가 연주가인지 감상하는 사람인지조차 구별할 수 없게 하는 마력을 지녔다. 그러기에 음악이 없는 세상을 생각할 수가 없다.
　이렇게 여러 장르의 음악들이 위안을 주기도 하고 설렘도 주지만 그중에서 가장 가슴을 적신 것은 제자들이 들려 준 노래였다. 그리고 그 노래들은 구원이었다.

  K중학교에 근무하던 때였다. 5년을 근무하면서 크게 앓은 적이 두 번 있었는데

  처음 앓고 나서였다. 결근으로 수업시간을 다른 교사에게 맡길 수밖에 없었기에 미안한 마음으로 얼굴조차 들기 힘들어하며 출근한 아침의 조회 시간이었다. 반장의 지휘에 따라, 들려준 미국의 포크 음악 그룹인 Brothers Four가 부른「일곱 송이 수선화」라는 노래는 젖은 눈을 감게 만들고 마침내 나를 뒤돌아서게 했다.

  "예쁜 걸 사 줄 재산은 없지만 달빛을 엮어 목걸이와 반지를 만들어 드릴 수 있습니다. 천 개의 언덕 위 아침을 보여 드리고 키스와 일곱 송이 수선화를 드릴 수 있습니다."

  덩치 큰 중 3의 머슴애들이 몸집 작은 담임을 위로하며 들려주는 노랫소리는 어느 음악과도 비교할 수가 없었다. 참으로 행복한 해였다.

  그리고 2년이 흘렀다. 두 번째는 참담한 일을 당하고 난 후였다. 교단에서 수업을 하다 쓰러져 며칠을 결근한 후 낭패감과 부끄러움으로 교직생활을 그만 두어야 하지 않을까 하는 생각까지도 하며 출근한 때였다.

  조회도 없이 시작된 1교시 수업, 내가 담임인 반의 국어시간

이었다. 시작 인사가 끝나자 반장 토마가 뚜벅뚜벅 걸어 나오더니 불러준 우리나라의 가요, 지금은 목회자가 된 이종용의 「너」였다. 아마 그때 유행하지 않았을까 싶다.

"낙엽 지던 그 숲속에 파란바닷가에 떨리던 손 잡아주던 너…."

토마가 불러 준 노래는 내가 그들을 잡아주는 손이어야 하는데 이렇게 지쳐 누울 수만은 없다고 생각하게 했다. 한 줄기의 빛이었다. 일어서야 했다. 그리고 그들은 "힘내세요, 힘내세요." 하며 내 눈물을 볼 때까지 손뼉을 쳤다.

그리고 중3인 이 학생들을 졸업시키고 바로 S여중으로 전근을 했다. 흰 깃의 여학생들은 귀엽다는 표현이 오히려 모자랐다. 여학생들의 시샘까지도 예쁘기만 했다. 수업 시간에 선생의 눈길이 한곳으로만 간다고 투정하는 아름다움이 지금도 존재하고 있을까. 순수하고 고왔던 아이들을 잊을 수 없다. 그리고 그 한 해를 마치던 종업식 날, 반장 진희가 들려 준 ABBA 그룹의 'I Have a dream'은 내게 용기를 준 노래였다.

"난 꿈이 있고 부를 노래도 있어요. 어떤 일도 할 수 있게 해 주지요. 만약 동화 같은 이야기를 믿는다면 당신은 아무리 힘들어도 미래를 꿈꿀 수 있어요."

그렇게 가녀린 진희의 입에서 흘러나오던, 그 노래를 들으며 창밖으로 뾰족이 내민 목련의 겨울눈을 바라보고 있었다.

그들은 내가 젊은 날 좋아하던 노래를 용케 알고 들려주었다. 음악이 주는 위로와 제자들의 격려가 버팀목이 되어 병마와 싸우면서도 잘 견뎠는지 모르겠다. 그들의 고운 심성에서 우러난 노래는 나를 격려하여 더욱 열정적으로 살게 해 주었다. 외국에서 내한한 팝 그룹의 공연에 데리고 다닌다고 학부모들의 걱정을 듣기도 했다. 그러나 노래로 고개 숙인 이들에게 힘을 실어 주고 남을 배려하며, 필요한 곳에 손을 건네기를 마다하지 않았던 그들의 마음가짐은 삶의 기틀이 되었음에 틀림없다. 사회 이곳저곳에서 제몫을 다하는 그들을 만날 수 있으니까.

마음 모아 부르는 그들의 노래는 타인에게는 위로였으며 힘이었고 자신들에게는 맑고 곱게 자랄 수 있는 자양분이 되었으니 덤으로 온 축복이었다. 언젠가 읽었던 '鑿池不待月 池成月自來(착지부대월 지성월자래)'라는 글귀가 생각났다. 그렇다, 연못을 팔 때는 달을 기다리지 않고 팠으나 연못을 만들어 놓고 나니 물만 가득한 것이 아니라 달까지도 찾아 와 비추는 격이다.

창가에 달빛이 시리다. 그러나 세상을 돌아온 넉넉함이 거기에 있다. 그때와 같은 아름다운 교실 풍정이 동화 속의 이야기는 아니리라. 지금도 어느 교실에서 교사와 학생이 함께 부르는 훈훈한 사랑의 노래가 이 밤에 환청이 되어 들려온다.

벙어리고모

　겨울이 사방에 진을 치고 들어앉았다. 바람은 눈을 몰고 와서는 생각 없이 뿌리며 휘젓기 시작했다. 침몰한 태양은 눈 속에 숨어 있었다. 여느 해보다 눈 내리는 날이 많고 수은주는 경계선 부근에도 오지 않은 채 저 아래에서 서성이고 있었다.
　고향으로 내려와 시간을 같이 보내자는 친구의 메시지는 반가움이었다. 남녘으로 내려가면 따뜻할까? 남쪽에서 제비 오듯 따뜻한 소식이라도 있을까? 이미 인터넷에서 고향으로 달려가는 차표를 예매하고는 날이 새기를 기다렸다.
　기차는 역에 도착하고 약속 장소로 가는 지하철에서 긴 날숨을 쉬었다. 어느 역에서 끼룩끼룩 물새 소리가 스피커를 통해 나왔다. 바다가 가깝다는 뜻이겠지. 고향이었다. 바다 이야기를 물리치거나 억센 사투리를 거세하면 고향은 시쳇말로 주검이다. 물새 소리에 스르르 옛날로 돌아간다.

아주 가끔 고향으로 올 때마다 아무도 반기는 사람이 없는데 한 사람, 고향을 지키고 있어 잊을 수 없는 사람이 있다. 벙어리고모다. 어릴 적 심술궂게 '고모'라고 부르지 않고 '벙어리고모'라고 부르던 고모. 아흔이 훌쩍 넘은 나이인데 일과 중 대부분을 산을 바라보기도, 파도소리에 귀를 기울이기도(?) 하며 사는 고모다. 고향에 들를 땐 찾아갈까 생각하다가 목적지가 다를 땐 그냥 모른 체 스치고 가는 고모다.

내겐 고모가 두 분 있었다. 작은고모에 대한 기억은 그리 두껍게 각인되어 있지 않으나 큰고모는 같이 산 세월이 있었다. 내가 네다섯 살 때쯤일까. 기억조차 희미한데 초봄이 되어 눈이 녹기 시작하자 바라보기만 하던 산이 와르르 내려앉아 산 아래 우리 집을 덮쳐 버렸다. 아린 바람 속에 피난민이 되어 고모 집으로 갔고 거기서 내가 초등학교 입학할 때까지 지냈다.

그런 고모가 우리 가족이 새 보금자리를 찾아 나온 이후 신이 내렸다고 했다. 어릴 때 신을 받는다는 말이 무슨 뜻인지 알 수 없었다. 고모는 신을 받은 사람답게 정갈히 살아야 한다고 고모부에게 다른 여자를 짝지어 주었다. 그러나 짝지어 준 여자 셋이 귀한 금반지만 받고는 하나같이 다 가 버렸다. 네 번째가 벙어리고모다. 정갈히 산다는 것이 무슨 뜻인지도 알 수 없었고 그렇게 살면 왜 고모부와 함께 살 수 없는지도 물론 몰랐다. 그러나 그 이후 고모는 사람들이 말하는 '점쟁이'가 되었고 굿도 했다. 사람의 힘으로도, 뜻으로도 그 신의 내림을 막을 수도, 물리칠 수도 없다고 했다. 차츰 고모의 생활은 변해갔고 산꼭대기에 암자를 지어 놓고 대부분의 날들을 거기서 보냈다.

고모 집을 들어서면 큰고모가 계시지 않는 날이 대부분이었다. 벙어리고모는 항상 집을 지키고 있었다. 지금도 가슴에 부끄러움과 미안함으로 남아 있는 것은 호칭이었다. 어릴 땐 그것이 당연하다고 생각했다. '벙어리고모'! 큰고모도 아니요, 작은 고모도 아니고…. 벙어리이니 '벙어리고모'가 맞는 말이었다. 그래서 항상 '벙어리고모'라고 불렀다. "벙어리고모" 하고 큰소리로 부르면 용케도 알아듣는 듯 대답은 못해도 빙긋 웃으며 먹을 게 없나 하고 우선 부엌으로 서두르며 들어가서는 고구마 한 개라도 갖고 나오곤 했다. 내가 가슴 아픈 소리로 부르고 있음을 알았을까. 벙어리고모에게서 아이들이 태어났을 때도 서슴없이 그렇게 불렀으니….

벙어리고모에 대한 추억은 부엌으로부터다. 반질반질한 가마솥이며 선반 위에 놓인 그릇들이 고모의 손길로 따뜻한 빛으로 자리하고 있었다. 무엇을 하는지 종일 부엌에서 사는 듯했다.

특히 이런 겨울엔 가마솥에 물을 붓고는 군불을 때곤 했다. 방에서 편히 쉬는 것이 죄송한 양, 아예 부엌을 고모의 방으로 삼은 것 같았다.

그러나 무엇보다 그 고모에 대한 기억은 큰고모를 대하는 태도였다. 큰고모는 가끔 집으로 내려와서는 며칠을 묵으며 밀린 일을 보러 나가곤 했는데 외출할 때마다 벙어리고모는 큰고모의 흰 고무신을 희다 못해 푸른빛이 돌 정도로 씻어서 댓돌 위에 얹어놓는 것이었다. 한 번이 아니었다. 아무리 여러 번 외출을 해도 매번 수세미로 그릇 씻듯 씻어서 댓돌 위에 얹어 놓고 숙제를 검사 받기 위해 기다리는 학생처럼 고모가 외출할 때까지 조아리고 서 있곤 했다.

오갈 데 없는 몸을 거두어주었다는 고마움이었을까. 자식을 낳아 옹알거림에서 그리고 온갖 재롱으로, 또 무럭무럭 자라나는 모습을 볼 수 있는 기쁨 때문이었을까. 심지어는 고모가 산에서 내려오지 않는 날이 계속되면 망연히 그 산을 바라보고 서 있곤 했으니.

그 고모의 가슴을 알지도 못했고 물론 알려고도 해 본 적이 없다. 살갑게 대해 주는 사람 하나 없었지만 그렇다고 그 고모를 천시여긴 사람도 없었다. 오히려 천심이 친척들을 감동시켜 보는 이마다 칭찬이었다.

칭찬하는 소리가 가슴에 들렸을까. 고모부도 큰고모도 그 고모의 돌봄 속에서 눈을 감았다. 그 고모의 보살핌 속에서 살다 간 두 사람은 의당히 해야 할 일을 해 주었다고 생각하며 떠나지는 않았을 것 같다. 지극정성이었음을 고마워했으리라 믿는다.
 벙어리고모는 아이 둘도 결혼 시키고 혼자서 살아가고 있다. 아흔이 넘었지만 떠나간 사람들이 외출에서 돌아오리라는 생각인지 항상 기다림으로 버티는 것 같다. 허리를 펴고 하늘을 바라보기도 하고 산에서 큰고모가 내려오는 걸 지켜보듯 산을 유심히 바라보기도 하며.
 친구와 함께 시간을 보내마고 고향에 내려와서는 벙어리고모의 생각에 젖어들고 있었다. 풍문으로 잘 지낸다는 사실을 알고 있을 뿐 들러야지 하면서도 쉬이 가지 못하는 것은 철없이 '벙어리고모'라고 불렀던 죄책감인지도 모르겠다. 분명 용서했거나 잊었을 텐데. 그런 벙어리고모였으니.

반백년의 나들이

 '아르피나 부산유스호스텔' 정문에는 '졸업 50주년 기념행사'라는 플래카드가 가을바람에 설레는 가슴을 대신하듯 펄럭이고 있었다. 졸업 후 처음으로 참석하는 동기회였다. 오십 년의 세월을 잊은 듯 보냈다. '지금에서야'보다는 '지금이라도'라는 생각으로 참석하기로 마음먹은 것이었다.
 반백년을 기다려준 동기생들이었다. 두 번째 작품집의 서문을 쓰고 있던 날, 책상 위로 한 마리 철새처럼 날아온 것이 '졸업 50주년 동기회 총회 개최'의 안내였던 것이다. 그 한 장의 종이에 50년의 외길사랑을 남김없이 실어왔기에 부끄럽고 쑥스러움을 잊어버린 채 참석하게 된 것이었다.
 행사장으로 들어섰을 때 실내는 흥분으로 술렁이고 있었고 사회자는 들어서는 나를 냉큼 마이크 앞으로 데리고 나갔다.

50년 만에 찾아왔다는 짧은 멘트를 하더니 인사를 하라고 했다. 준비가 없었기에 무어라고 얘기했는지 희미하지만 끈기 있게 기다려 준 우정에 대한 감사와 보답할 길이 없어 내 영혼을 담은 두 번째 작품집을 들고 내려왔다고, 그리고 환대해 주어서 고맙다고 얘기한 것 같다.

그러나 정작 가슴에 품은 생각은 이제부터라도 내가 만든 벽 속에서 나를 끄집어내어 넓은 세상을 호흡하고 부딪치며 살아 보리라는 것이었다. 외롭게 걸어온 길을 뒤돌아보면 적막과 공동(空洞) 속에 갇혀 있었기에 담을 뛰어넘고 껍질을 깨고나와 친구들과 마주보며 회포를 풀어보리라는 것이었다.

대강의 인사와 동아리들의 소개가 끝나고 식사 시간이 되자, 뷔페로 차려진 저녁 식사를 위해 줄을 서서 기다리는 동안 그간의 안부를 물으며 서로 얼싸안기도 했다.

"니, 내가 눈지 알겠나"라는 친구의 말에 "니가 누고"라고 대답하여 친구를 무안하게 했다.

들이미는 명찰을 보고서야 50년을 거슬러 올라간 기억 속에 낡은 나무 의자에 앉아 있던 친구를 기억해 내곤 했다. 영감이 된 머슴애들과 할머니가 된 갈래머리 소녀들이 어우러져 티격태격하던 옛날처럼 '얘, 쟤' 하며 웃음을 날렸다. 패인 고랑엔 연륜이 심어져 있었다. 긴 세월이 저마다 다른 문양으로 새겨져 있었다.
　잠시 영화「밀양」이 생각나기도 했다. "밀양은 어떤 곳인가요?"라는 질문에 "…부산과 가깝고, 부산하고 같은 말씨를 쓴다."는 대사가 생각났기 때문이다. 바로 시끌벅적한 경상도 사투리다. 사투리의 범벅이다. 억센 경상도 사투리가 음계를 달리하며 오르내리고 넘치게 주고받는 심한 말에도 정이 진액처럼 묻어 있었다. 부산의 바다가 식사 시간 내내 출렁이며 바닷내를 풍기고 있었다.
　여흥이 어찌 빠지겠는가. 식사 후에 찾아온 시간. 덩실덩실 어깨의 흔들림에 흥을 실은 춤사위며 노래가 바다까지 흘러가고 있었다. 뜻 깊은 행사에 참석은 했지만 적응은 쉽지 않았다. 그러기에 쉽사리 함께하지 못했다. 목구멍은 잠기고 몸은 경직되어 슬그머니 휴게실로 나와 구성진 친구들의 노랫소리에 귀를 기울이며, 구름 속으로 몸을 감추는 초엿새 달을 바라보고 있었다.
　조마조마한 가슴을 읽었을까. 오늘의 행사가 막을 내리고 내일의 일정과 방 배정을 알리는 소리가 들렸다. 아직은 멀었나 보다. 친구들과 단번에 어울리기엔 반백년의 세월은 너무 길었다. 함께 잠자리를 할 수가 없었다. 기어이 유스호스텔을 빠져나와 '송정' 바닷가 한 귀퉁이에 여장을 풀었다.
　바다는 퍼렇게 멍이 들 때까지 치도곤을 치고 있었다. 멀리

등댓불이 바다에 빠져 사라지곤 했다. 젊은이들이 터뜨리는 폭죽 소리가 하늘로 올랐다가는 모래사장에 곤두박질을 쳤다. 고향의 풍경이었다. 가을이 오는 소리가 파도에 실려 오는데 잠을 이룰 수가 없었다.

착잡했다. 친구들과 손을 맞잡고 가슴을 풀어헤친 채 잠들 수 있으리라 생각했는데, 마주보며 웃음 삼키리라 마음먹었는데 역시 어려웠다. 혼자 나와 있어도 잠들지 못함은 마찬가지였다.

그러나 발걸음을 내디뎠다는 사실이 경이로웠다. 알을 깨고 나온 것이 아닌가. 그 두껍던 알을 깨고 신생의 세계로 나온 셈이었다. 기다려 준 아버지에게 돌아온 탕자 같은 마음이었다.

다음날, 꼭 다시 만나자고 뜨겁게 당부하며 아쉬운 마음들을 접고 자신들의 삶의 자리로 돌아가는 차에 몸을 실었다. 잊었던 얼굴들이 잊히지 않는 얼굴로 각인 되어 가슴에 자리를 잡았다. 미안한 마음으로 돌아서는 내게 고향의 바다는 첫걸음을 내디뎠다고 위로하며 천 리를 따라왔다. 동기생들의 따뜻한 마음도 함께 묻어왔다.

어머니의 향기

　어머니의 기일이다. 몇 주기라는 말이 무색할 만큼 아득하다. 성당에서 어머니의 영혼이 편안한 안식을 누리기를 바라며 저녁 미사를 봉헌했다. 그리고는 촛불을 밝혀 놓자 어머니는 손을 내밀었다. '그래도 잘 살아 주었구나!' 환청으로 들려 온 이 한 마디에 설움도 안타까움도 녹아 버리고 어머니의 향기만이 남아 있었다. 온몸을 태우며 승천하는 양초의 냄새 속에.

　"정구업진언(淨口業眞言)은 수리수리마하수리…."
　어머니는 천수경으로 마음을 비워내고 금강경, 법화경, 화엄경 등이 적혀 있는 두꺼운 불경을 읽었다. 단지 내가 기억할 수 있는 것은 천수경의 첫머리였다. 아주 어려서부터 들어왔기에 무슨 말인지도 모른 채 어머니 곁에서 따라하곤 했다. 어머니는 장난스럽게 읊는 내게 그러면 안 된다고 야단을 치기도 했지만 곧잘 외는 나를 가끔은 대견한 듯 바라보기도 했다. 그러나 어머니는 독실한 불자(佛者)였고 나는 일찍부터 성당의 종소리에 마음을 빼앗긴 가톨릭 신자였다.

 어머니는 까막눈이었다. 외가가 그리 가난하지도 않았는데 학교 문 앞에도 가지 못한 연유는 알 길이 없다. 이름 석 자는 쓸 수 있었는지 기억조차 없지만 두꺼운 불경은 읽었다. 아니, 책 한 권을 다 외웠다. 재미있는 것은 중간쯤에서 읽게 한다거나 글자를 물어볼라치면 한 자도 알지 못했다. 불경을 다 외면서도 책 없이는 한 페이지도 외어서 넘기질 못했다. 모른다고 했다. 책을 다시 펴 드리면 첫 페이지부터 손가락으로 한 자씩 짚어가며 그 두꺼운 책을 다 외웠다. 넘기는 책장도 틀린 적이 없었다. 넘길 곳에서 넘기고 쉴 곳에서 쉬었다. 어머니는 역시 지혜로웠고 명민했음이 틀림없다.

 어머니는 부산 변두리에 있는 대처승이 지주인 작은 절에 다녔다. 스님이 불경을 읽을 때 어머니도 불경을 펴고는 손으로 짚어가며 책갈피가 얇아지도록 따라 읽곤 했다. 그러기 위해 어머니가 절집을 찾는 일은 자주 있었다. 스님을 졸라 더 많이 불경을 읽게 했는지도 모르겠다. 아무튼 그렇게 욀 때까지는 얼마나 긴 세월이 걸렸는지 알 수 없을 뿐이었다.

어머니의 구절양장(九折羊腸)의 세월이, 겉멋에, 허황되게 구름 잡듯 다니는 아버지 대신 가계를 책임지며 흘렸던 땀이 눈물이 되어 책을 적셨을까. 책은 색깔조차 바래져 있었다. 어머니의 책에서는 가끔 솔바람 소리가 나고 솔 냄새가 나기도 했다. 절집에서 피우는 향의 냄새였을까. 그렇게 거기에서 새어나오던 향기는 내 몸에 서서히 배어들고 있었다. 그 책은 어머니의 세월이었고 저린 냄새는 어머니의 목숨이었다. 그것이 내게 와서는 살아가는 힘이 되었다.

어느 날, 어머니의 쪽진 머리에 꽂혔던 비녀며 긴 한숨 속에 친구가 되었던 곰방대와 그 책이 어머니의 유품이 되고 말았을 때에 다시 맡았던 어머니의 냄새를 잊을 수 없다. 장미의 진한 향도 아니요, 은은한 난(蘭)의 향기도 아니었다. 절집의 냄새도 아니었다. 긴 세월을 묵묵히 걸어 온, 아니 가족을 위해 온몸으로 빌었던 절실한 기도가 푸새한 옥양목 치마저고리에 배어 고운 향기로 남아 있었던 것이다.

기일인 오늘, 성당에서 어머니를 위해 드리는 기도가 어머니의 저린 책에 깃든 절실한 간구와는 비교도 되지 않겠지만 촛불을 밝히고 어머니의 세월을 읽는다. 내 몸에 배어 버팀목이 되어 준 어머니의 향기를 맡는다.

24년

바래진 사진 한 장이 메일의 등에 업혀 날아왔습니다. 옛날 필름 사진을 스캔 작업을 해서 보내 주었네요. 팔랑팔랑 날고 있는 사진을 보니 눈썹 짙은 소년이 자주색 체육복을 입고 쪼그리고 앉아 있고, 그 뒤엔 감청색의 코르덴 웃옷을 입은 여선생이 어깨를 짚고 살포시 웃고 있네요. 그 위엔 시월의 푸른 하늘이 흐르고 있고….

꿈을 꾸고 있습니다, 둘 다. 그러나 그 꿈의 깊이도, 색깔도 달라 보입니다.

고운 여 선생은 바로 나입니다. 아! 날짜를 보니 내가 앓기 바로 전이네요. 그리고 그날은 학교 가을 체육대회 날이었고 소년은 무척 아끼던 제자였습니다.

그땐 내가 택한 직업을 '직업'이라는 두 음절로 표현하기엔 아까웠습니다. 그것은 열정과 열망의 도가니였기 때문입니다. 삶의 수단이 아니라 삶, 그 자체였습니다. 그 속에서 뒹굴었고 계절이 바뀌면 신선한 감동으로 들떠 있곤 했습니다. 무작정 좋았습니다. 싱싱한 푸른 숲속에서 나무들과 이야기를 나누는 기분이었습니다.

그런데 웬일이었을까요? 집으로 돌아오기만 하면 암울했습니다. 신나던 기분은 어디로 자취를 감추었는지 꼬리조차 찾을 길 없고 밤마다 악몽이었습니다.

내가 서 있는 곳은 바로 타향이며, 겁 없이 고향을 버리고 훌쩍 떠나왔다는 사실이 불안의 한 요인이 되기도 했습니다. 고향을 떠나 낯선 곳에서 어떻게 내가 뿌리를 내릴 수 있으며 든든히 자리매김을 할 수 있을까를 생각하면 잠을 이룰 수가 없었던 것입니다.

낯선 도시에 터 잡아 심은 나무 한 그루, 그 나무는 왜 그다지도 밤마다 흔들리던지요. 아니, 왜 푸른 잎사귀를 무참히 떨어뜨렸던지요. 거기에 매단 것은 아름다운 나날보다는 어이없이 인정받고 싶은 사회적인 욕망이었지 싶습니다.

그러던 어느 날이었습니다. 겨울이었나 봅니다. 교단에서 힘없이 벌렁 누워버린 것이었습니다. 나중에 의사로부터 들은 이야기로는 스트레스를 뇌신경이 견뎌내지 못한 탓이라고 하더군요. 그날, 내 얼굴에 그 녀석은 검은 동복을 덮어 주었습니다. 우리가 단짝이 된 것은 그때부터였습니다. 투병은 시작되었고 꼬리를 문다는 표현이 틀리지 않게 굵직한 이름표를 단 병마들이 둥지를 틀기 시작하더군요. 매달리는 병마들이 버거워 노심초사하는 나를 근심어린 눈으로 바라보기도 하고, 우리 집에 놀러 와서는 어린 아이들의 친구가 되어 주기도 했습니다. 나는 근무지를 몇 번이나 바꾸었고 그는 하나씩 계단을 밟아 올라갔습니다.

  세월은 유장한 역사 속에 점을 남기며 쉼 없이 흘러 13년이 흘렀고 그는 새로운 세상에로 헤엄쳐 갔습니다. 서운함과 아쉬움을 남겨 둔 채. 꿈이 다르고 길이 달랐기 때문이었습니다. 소리없는 별리였습니다. 넘어질 만큼 등을 떠밀었습니다. 그러나 그는 넘어지지도 않았고 돌아보지도 않았습니다. 가끔 생각이 났지만 산다는 것이 만만치 않기에 잊을 때도 있었습니다. 그러나 내 젊은 날의 회억으로 가슴 밭 한구석에 그리움으로 자리하고 있었습니다. 그리고 강산이 두 번을 훌쩍 넘게 변했습니다.

  겨울밤은 깊은 물소리를 내며 잠들지 못하게 했습니다. 벽난로를 갖고 싶은 소박한 꿈도 이루지 못했고 함께 음악을 나눌 사람도 곁에 없이 밤을 밝히기도 하다가 컴퓨터 앞에 앉아 조심스레 그의 이름 석 자를 쳤습니다. 모니터엔 소년의 얼굴에 고랑 몇 개, 그리고 듬성듬성한 머리숱의 그가 드러났습니다. 그가 하는 일이며 직위며 그 회사에서 재임용 되었다는 새해 소식이 물결처럼 출렁이고 있었습니다.

그랬습니다. 제 길을 걸어간 그는 역시 한 몫을 다하고 있었습니다.

별리의 아쉬움도, 24년의 막막했던 궁금증도 사라질 수가 있었습니다. 조금은 설레는 마음으로 메일을 썼습니다. 시린 손끝이 떨렸습니다. 답신이 바로 날아오더군요. 내가 글을 쓰고 있다는 사실도, 블로그를 갖고 있다는 사실도, 내 작품 중에 오자(誤字)가 하나 있다는 사실도 알고 있었습니다. 그리하여 우리는 심심찮게 살아가는 이야기를 주고받기 시작했습니다. 두 대학생의 아버지가 된 그는 산다는 것이 얼마나 엄숙한 사실인가를, 그리고 가솔을 거느린다는 것이 무엇보다 보람된 일임을 잘 알고 있었습니다. 그리고 거기에 걸맞게 살아가고 있었습니다.

내게 날려 보낸 사진 한 장은 꿈을 이룬 까까머리 소년이 한 편의 동화를 엮어 보낸 것과 같았습니다. 아름다운 동화였습니다. 가을하늘에 펼쳤던 그의 꿈이 넘실대며 햇살에 반짝이고 있었습니다.

레드카펫이 아닌 푸른 풀밭을 그는 손을 흔들며 오고 있었습니다. 그리고 설레는 마음으로 더 반짝이는 세상을 향해 가며 종이비행기처럼 내게 24년을 간직한 사진 한 장을 날려 보낸 것이었습니다. 그 사진엔 우리들의 나름대로의 꿈이 물 무늬로 퍼져가고 있었습니다. 서로 다른 길이지만 더 값진 일이, 해야 할 일이 아직은 남아 있다는 듯 사진 속의 두 사람은 여전히 웃고 있습니다. 꿈으로 그려 놓은 수채화를 가슴에 간직하고 있기 때문입니다.

외 가

 '외가'라는 말을 듣는 순간 가슴에서 파도 소리가 났다. 지인이 외가인 남해에서 농사지어 보내 온 것이라고 건네주는 파릇한 시금치를 보는 순간 푸르게 들숨날숨을 쉬는 바다가 생각났다. 그것은 유년에 뛰어 놀던 외가 앞에 운동장처럼 펼쳐져 있던 바다 때문이었다.
 내 외가는 부산에서도 가장 외진 다대포였다. 지금은 잘 다듬어진 해수욕장이 있지만 옛날엔 굵은 모래사장에 물놀이하는 어린애들의 웃음이 있고 작은 어선들이 희부연 안개를 뚫고 고기잡이 떠나는 포구에 지나지 않았다. 그러나 낙동강 물이 밀려와서는 입맞춤하고 겨울이면 철새들의 끼룩거리는 울음소리도 들을 수 있는 곳이었다. 외할머니, 외할아버지는 돌아가셨지만 이모가 버티고 계셔 따뜻한 품으로 맞아 주시던 곳이었다. 그리고 내게 '외가'라는 낱말을 익히게 해 준 곳이기도 했다.

  초등학교 때였다. 뇌염이 그렇게 창궐했던 때가 있었을까. 여름방학이 끝나고 개학하던 날, 학교에 갔다가 쫓겨 오듯 돌아왔다. 뇌염으로 인해 개학이 늦추어진다는 것이었다. 그 횡재 같은 방학의 연장을 마당이 없는 외삼촌의 적산가옥에서 보내고 싶지가 않았다. 그날로 당장 책 보따리를 싸서는 허리춤에 동여매고 이모 집으로 달려갔다.

  검은 돌담이 보이자 마음은 바빠졌다. "이모-" 하며 들어서는 내게 이모는 환하게 웃는 얼굴로 덥석 나를 안아 주었다. 그것으로 세상은 모두 나를 위해 존재하는 것 같았던 그날을 잊을 수 없다.

  그 이모의 장독대에, 반짝반짝 윤이 나던 장독들은 마당이 없는 우리 집에서는 볼 수 없는 풍경들이었다. 아버지의 사업 실패로 집달리의 붉은 딱지에 밀려 떠나왔으니. 그리움의 뒤안길에서 그 장독대가 나를 반겼던 것이다. 둘레에는 유난히 접시꽃이 많았다. 불그레한 것에서 진홍빛깔까지 수더분하면서도 고운 매무새가 탐이나 얼굴에 갖다 대보면 얼굴만한 꽃 속에 봉곳이 앉은 꽃술들. 그리고 접시꽃과 더불어 피어 있던 봉선화는 장난감으로는 그만이었다. 아침에 일어나면 봉선화 꽃잎을 따서는 고운 돌로 짓이겨 손톱에 물들이는 일이 일과의 시작이었다. 이모가 바다로 나갔다가 해초를 뜯어오는 날, 어린 손으로 함께 다듬던 일이며 이종오빠를 따라 포구에 나가 배를 타던 재미로 학교에 가야 한다는 사실조차도 잊고 지냈다.

    그러던 어느 날 밤이었다. 평상에 누워 하늘을 금 긋는 별똥별과 자유롭게 배회하는 개똥벌레를 보다가 손등을 모기에게 물리고 말았다. 모깃불을 피워 두었건만 바닷가의 모기는 드세기만 했다. 사실 모기가 극성일 때 시골로 간다는 것부터가 호랑이굴로 들어간 것이 아닐까 생각되지만 그땐 그렇게 이것저것 재면서 살 수 있는 나이는 아니었던 것 같다. 이모는 모기 때문에 학교도 쉬고 있는 판국인데 모기에 물렸다고 걱정하면서 장독대에 가서 된장을 푸지게 담아 와서는 호박잎에 싸서 넓적하게 손등에 붙여주었다. 그리고는 "아무 죄 없는 내 새끼 낫게 해 주이소." 하며 호호 불었다. 이모의 입김 때문이었을까. 벌겋게 부어올랐던 손등이 가라앉고 더위도 웬만큼 가시게 되었을 때에야 어머니도 보고 싶고 학교 생각도 나서 집으로 돌아왔다.

    학교에 등교한 날, 선생님도 친구들도 나를 걱정스레 쳐다보았다. 개학한 지는 꽤 오래 되었고 계절도 지나가고 있었다. 전화도 없고 이모 집으로 전갈하러 갈 사람도 없으니 어머니는 내가 아파서 학교에 갈 수 없다고 했던 것 같았다. '설마 일 년은 있지 않겠지'라고 생각했는지도 모르겠다. 어머니의 나에 대한 믿음이었다. 사실 방임이었는지는 모르지만 지금도 신뢰였다고 느끼며 산다. '언젠가 데리고 오겠지'라는 이모에 대한 믿음이기도 했으리라.

그랬다. 외가는 꿈의 동산이었고 출렁이는 바다였다. 동경이었고 감성의 자양분이었다. 어머니의 삶이 살아 숨 쉬던 어머니의 탯줄이었다.

그런 외가를 내 아이들에게는 경험시킬 수가 없다. 일찍 돌아가신 부모님의 무덤 하나 없고 남기신 물건 하나 없으니 무엇을 어떻게 설명할 수 있단 말인가. 모두 고인이 된 지금, 살붙이 하나인 언니는 나와 함께 살고 있으니…. 외가에 가서 마음대로 뛰어 놀아보았던 경험도, 외할머니 외할아버지께 세배하고 세뱃돈 받아 본 기억도 없는 내 아이들은 '외가'란 사전에 나오는 낱말의 뜻으로 이해할 수밖에 없을 것 같아 마음 아프다.

지인이 외가에서 가져왔다는 시금치에 묻어 온 나의 외가! 포근한 한마디. 밤이 이슥하도록 옛날이야기를 들려주며 토닥여 주던 이모를 그린다. 어머니를 본다.

빗소리

　겨울의 끝을 적시는 비였다. 아니, 운무 속을 더듬으며 봄이 데리고 오는 선물이었다. 어느 경우인지는 몰라도 자박자박 가벼운 소리를 내며 쉬지 않고 온종일을 적셨다.
　그 속에 들어가 보리라 생각하며 투명한 비닐우산을 펴 들고 집을 나섰다. 그때서야 느껴지는 빗소리는 겨울의 끝이었다. 후드득후드득, 타닥타닥. 눈(雪)이 되지 못해 서럽게 우는 소리였다. 빗소리는 제 가슴을 전하고 있었다. 슬픔이었다.
　내가 빗소리에 처음으로 가슴이 아팠던 때는 사범학교 2학년 겨울방학이었다. 겨울비가 추적추적 내리고 있었는데 해운대 동백섬을 찾았다. 한 학년을 거의 마무리했다는 조금은 편안한 마음과 동시에 5월에 돌아가신 아버지의 죽음을 되돌아볼 수 있는 여유로움이 생겼기 때문이었다.

　아버지의 죽음은 비명횡사였다. 한 사람의 총기 부주의로 인한 사고사였다. 아버지가 돌아가셨을 때 학교는 1학기 중간고사 기간이었는데 나는 용납될 수 없는 행동을 저지르고 말았다. 아버지의 잘못이 아닌데도 비명횡사가 부끄러웠고 중간고사를 꼭 치러야 한다는 생각이 더 지배적이었기에 결석도 하지 않았다. 4일 동안 묵묵히 시험을 치렀고 시험이 끝난 일요일에야 아버지의 장례를 지냈던 것이다. 물론 선생님께는 아버지가 돌아가신 사실조차 얘기하지 않고 지내다가 지금 기억으로는 3학년이 되었을 때에야 담임선생님께 얘기했던 것 같다.

　동백섬의 포말은 무서웠다. 흰 이빨을 드러낸 채 포효하는 한 마리의 짐승처럼 내 키보다 더 높이 올랐다 떨어지며 철썩이는데 쏟아지는 비는 뜨거운 입맞춤을 하듯 쏴아쏴아 하며 포말의 소리를 감아쥐고 있었다.

　그때서야 나는 아버지의 죽음이 슬픔으로 다가오며 꺼이꺼이 눈물을 삼켰다. 그리고 나의 매몰찬 행위에 스스로가 몸서리쳐졌다. 시간이 지나면서 빗소리는 포말을 잠재우듯 조용하게 리듬을 타고 있었다. 슬픔을 씻어주는 위로였다. 바람에 우산이 날아간 것도 개의치 않았다. 빗소리는 조용히 나를 어루만지고 있었다. 그리고 어느새 내게 들어와 앉아 있었다.

그렇게 위로의 형체로 들어와 있던 빗소리가 또 다른 의미로 다가오게 되었다. 이성에 눈 뜬 젊은 날, 사랑의 목소리로 왔다.

시월은, 한 잎의 낙엽으로 내려앉고 싶은 내게 그의 초대장을 전했다. 전주역으로 가을을 밟고 오라고 했다. 도착했을 때, 가을비가 내리고 있었다. 지금도 생생한, 닥종이 위에 노랗게 들기름을 입힌 지우산. 그 위에 떨어지던 빗소리. 전주의 역사(驛舍)는 지우산 위에 떨어지는 빗소리로 얼마나 아름다워 보였던가. 타박타박, 가을비는 그런 소리로 내게 왔다. 말이 없는 그의 속삭임이었다.

그러나 인연의 끝은 별리였고 그가 이역만리로 가 버린지도 몇 십 년이 지났지만 지우산 위에 떨어져 가슴으로 안기던 빗소리는 책갈피 속에 남아 있다. 사랑의 목소리로 왔던 빗소리를 당돌하게 두 손 저으며 추억이 되게 했다.

그러나 비 오는 날이면 무턱대고 나서는 이유는 자잘한 슬픔이나 가슴 갈피에 꽂혀 있는 목소리를 찾아 나서는 것이 아니라 무엇보다 나를 씻어내기 위함이다. 가 버린 사람에 대한 아쉬움과 허망한 아버지의 죽음, 매몰찼던 행동에 대한 죄책감까지 버무려진 혼돈의 바구니에서 나를 구하기 위함이다. 걸어온 길을 되짚어보고 지금도 전리품처럼 매달려 있는 기억의 찌꺼기를 말갛게 씻어내기 위함이다.

투명한 비닐우산 위에 비가 내린다. 빗소리는 점점 증폭되어 귀를 울린다. 큰소리가 더 큰소리에 의해 지워지는 소리의 향연이 비닐우산 위에서 펼쳐진다. 보내버린 시간들, 흘러간 것은 모두 바래지기보다는 더 크게 귓바퀴를 울리고, 슬픔이나 자책은, 아니 가 버린 것에 대한 그리움은 바위가 되어 가슴을 누르고 있다.

그러기에 증폭되어 들리는 빗소리가 오랜 세월 귓가에서 울리고 있는 혼돈의 시간들을 말끔히 씻어내 주기를 기원하며 물수제비처럼 떨어지는 빗물 속의 아스팔트길을 타박타박 걸어간다.

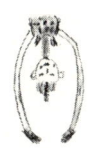

호텔 캘리포니아

 봄이 무르익고 있었다. 뇌신경 세포의 과도한 흥분 상태로 쓰러진 것이라고 했다. 이미 4년째 병원을 드나들고 있었다. 그날도 뇌파 검사실에서 유년을 추억하며 전류의 흐름을, 신경들이 춤추는 그래픽을 보고 나온 길이었다.
 병원 복도에서 마주한 사람, "너, 살아 있었구나." 옛사람을 만나게 되었을 때는 반가움보다는 찜찜함이 앞선다.
 "그래요, 살아 있었네요. 안녕히 가세요."
 그의 입을 막아 버리고 돌아섰다. 설레는 가슴도 한 순간에 접었다. 콩닥거리는 가슴도 잠재웠다. 흘러간 것이니까. 기억의 저장고에서 삭제했다.
 병원 밖으로 나오자 순간 눈앞이 뿌옇게 되는가 싶더니 심한 허기를 느꼈다. 눈에 들어온 것은 죽을 파는 작은 가게였다. 안으로 들어서니 틀어놓은 트랜지스터에서는 물결처럼 우리나라로 유입된 팝송들이 차례로 흘러나와 가게를 온통 점령하고 있었다.

'호텔 캘리포니아', 처음 들어보는 노래였다. 그러나 기타와 울림통을 울리는 드럼 소리로 시작하는 전주(前奏)는 먹는 것조차 멈추게 했다. 긴 전주가 끝나고 쉰 듯한 목소리가 흘러나왔다. 머릿속으로 들어온 가사는 단지 'Welcome to the Hotel California'였다. 애절했다. 병원 복도에서의 일을 씻어 주듯 나를 환영하며 그 노래는 그렇게 첫선을 보였다. 그 뒤에 알게 된 것은 그 노래를 부른 이들이 '이글스'라는 캘리포니아 출신의 록 밴드이며 우수(憂愁)에 찬 가사와 멜로디에 힘입어 세계를 열광의 도가니로 채운다는 것이었다. 1971년에 결성된 이들은 1980년에 해체되어 1994년에 다시 뭉칠 때까지, 아니 지금까지도 옛날을 그리워하는 사람들이나 통기타로 솜씨 한 번쯤 뽐내고 싶은 이들의 별이 되었다. '호텔 캘리포니아'는 내 병마와 그렇게 첫인사를 나누었다. 그런 계기로 좋아하는 노래 서열의 앞자리를 차지하며 34년이 흘렀다. 병력(病歷)에 버금간다. 그해 또 다른 병마가 나를 찾아와 지금도 동거 중이다.

내겐 토마라는 제자가 있었다. 처음 교단에서 쓰러졌을 때 중3이었던 그는 검은 동복으로 나를 덮어 주었다. 그리고는 13

년을 돌보았다. 가정이라는 울타리가 있어도 바람막이해 주는 사람이 없던 내가 안쓰러웠음에 틀림없다. 그는 내 어린 아이들의 벗이고 선생이었다. 잊을 수 없는 은정(恩情)이다. 그러나 한 번도, 아니 제대로 고맙다고 말한 기억이 없다.

쾌유되지 못했으나 아이들 걱정으로 퇴원, 그리고 휴직을 하고 집에서 지내게 되었을 때 토마는 방 안을 병실로 만들어 놓았다. 입원을 했던 K병원 권영희 간호사가 3교대를 하는 병원에서 근무 시간이 아닌 때엔 집에 들러 6개월을 링거 주사를 투여해 주었는데 토마는 링거 병을 걸 수 있게 못질을 했고 그녀의 고운 마음이 주사기를 통해 내려옴을 지켜보기도 했다. 그런데도 병은 차도가 없었고 두 사람에겐 상심만을 안겨 주었다. 그러던 중 그녀는 돌연히 증발해 버리고 말았으니 개인 사정을 한 번도 묻지 않은 무심함을 자책하게 만들었고 그 사실은 오래오래 아픔으로 남았다.

진행이 빠르지 않게 주의하는 수밖에 없다는 의사의 말에 복직을 했고, 토마는 차근차근 한 단계씩 진학하면서 여전히 나와 아이들의 든든한 보호자가 되어 주었다. 아이들의 공부를 돌봐 준다든가 함께 놀아준다든가 하는 일은 내겐 버거운 일이었으니까. 그 몫도 토마는 성실히 해 주었다.

딱히 이별이라 말할 수 있을까. 박사학위를 받고, 사회인이 되고 가솔을 거느린 가장이 되고, 그는 따뜻한 보금자리 속으로 사라져갔다. 가끔씩 들려오는 소식을 통해 열심히 살아가는 그를 짐작할 수밖에 없었다. 언젠가 만날 날이 있겠지. 그에게 고맙다는 말을 한 번도 입술에 올린 적이 없었는데…. 언어로는 마음을 다 드러내기가 어려웠고 사실 쑥스럽기 때문이기도 했다. 그렇게 세월은 24년이 흘렀다.

잠을 잊은 어느 날 밤, 어쩌다 자판에서 그의 이름을 두들기자 장년이 된 그를 인터넷은 주저하지 않고 검색해 주었다. 세월이 흘렀지만 반듯한 모습은 그대로였다. 그는 이미 공개된 사람이었다. 빚진 마음에 먼저 메일을 보내었고 우린 모니터에서 그렇게 만났다. 24년의 세월은 서로 묻지 않았다. 낡은 필름의 앨범을 뒤지듯 번갈아 뒤지며 열한 번째의 메일을 받았다.

그런데 그 메일에 '호텔 캘리포니아'가 누워 있었다. 1994년 다시 결성했을 때의 공연 실황 앨범에 수록된 동영상과 '이글스'라는 그룹이 얼마나 멋지게 연주하는가에 대한 글도 함께 보내왔다.

노래의 한 구절, '캘리포니아 호텔에 잘 오셨어요.'라는 말, 잘 오셨다는 말은 큰 위로였으며 또한 그렇게 고마울 수가 없었다. 그 노래는 아늑한 품이 되어 잠들게 했기에 긴 세월을 함께해 왔는데 24년 만에 만나게 된 토마가 뜬금없이 그 노래를 들려주었다. 가슴 벅찬 일이었다. 언젠가 만나야 할 사람들이었고 함께 감상해야 할 노래였을까.

생각해 보면 오랜 시간을 말없이 보냈지만 토마의 사랑이 이 시점까지 나를 '호텔 캘리포니아'의 음률 속에서 지켜왔다고 믿기로 한다. 또 한 사람, 권영희 간호사가 환한 얼굴로 이 노래를 듣고 찾아온다면 나, 아직 살아 있다고, 고마웠다고 뛰어나가련만. 긴 세월, 노래 속에 살아 있는 나의 수호천사들이다. '당신은 원할 때 언제든지 호텔을 나갈 수 있어요. 하지만 당신은 떠날 수 없을 걸요.' 노래의 끝은 이렇게 나를 붙잡고 있다.

2.

버팀목과 하루의 새로움

그들의 향연

 볕살이 조금씩 두께를 더하고 있습니다. 베란다의 식구들은 빛나는 기억으로 모이게 된 날들을 되살립니다. 버려짐이란 무엇일까요. 어찌 보면 산다는 것 자체가 버리기도 하고 버려지기도 하는 것인지 모르겠습니다. 버려졌지만 텃밭 가꾸듯 자신을 건사하며 제법 긴 세월을 기진하지 않고 살아왔기에 나누는 이야기가 바람에라도 실려 갈까봐 소곤거리며 서로에게 악수를 청하고 축배를 듭니다.
 이웃들은 봄이 오기가 무섭게 주섬주섬 화분을 들고 나옵니다. 겨울에 동상에 걸리거나 동사(凍死)한 객식구들이지요. 주인의 눈에 들어가 앉아 있던 날들은 그리 길지 않았습니다. 생성과 소멸을 세상살이의 진리라고 믿는 주인들은 겨울을 맞아 팍 고개 숙인 꽃나무들이 이제는 운명을 다했다고 생각하기 때문입니다.

아파트의 작은 공터엔 화분이 모입니다. 아파트를 거닐다 만나게 된, 말라가며 떨고 있는 가녀린 목숨은 아직 살아 있음이 분명했습니다. 돌아설 수가 없데요. 하나, 둘 주워서 왔습니다.

어디 그뿐이겠습니까? 계절을 훌훌 벗고 새롭게 단장할 때뿐만 아니라 집을 옮길 때에도 초라한 모습에는 등을 돌리고 모르는 체 슬그머니 손을 놓습니다. 글쎄요. 아쉬움이나 서운함이 있었을까요? 모두 무섭게 차에 오르지요. 안주인의 손에서 놀고 있는 애완견은 첫째 순위로 차에 오릅니다. 우스갯소리의 소재로 만인에게 회자되는 가장(家長)도 차에 오르는 선수가 되었답니다. 그러니 어쩔 수 없지요. 푸른빛을 잃고 부랑인 같은 몰골의 크고 작은 나무들은 병든 짐승처럼 처참하게 유기(遺棄)될 수밖에요.

그들이 모였습니다. 벌써 스무 해가 넘은 것도 있네요. 처음엔 데리고 온 것을 후회도 했답니다. 비실거리는 몸을 이태가 지나도록 추스르지 못하는 경우도 있었으니까요. 그러나 작은 불빛 같은 희망 하나에 기다림으로 버텼습니다.

남천나무에 새순이 돋아나기 시작하고 고개 숙인 베고니아가 서서히 몸을 가누기 시작했습니다. 마리안느의 풀죽은 잎새도 고개를 들기 시작했구요. 흔하디흔한 군자란은, 그래서 귀염 받지 못하기에 조금만 시원찮아도 버림받는 그들은 내 베란다에 와서는 실한 모습으로 놀러오는 사람들의 탄성을 자아내게 했습니다. 제비난은 길게 이곳저곳으로 뻗어갔습니다. 천량금은 푸른 잎을 자랑하긴 해도 꽃도 열매도 구경할 수가 없었습니다. 그러나 살아 있는 것만으로, 그것도 푸르게 살아 있는 것만으로 고맙고 대견했습니다. 잊을 뻔 했네요. 목도 한 번 축이지 못한 것 같던 게발선인장이 어느 해부터 매니큐어를 바른 듯 빨갛게 끝을 물들이더군요.

 사람의 손에서, 마음에서 버려진 것만 갖다 키우는 내가 안쓰럽던지 친구가 사랑초와 괭이밥과 제비난도 하나 더 친구 삼아라고 갖다 주었답니다. 그런데 그들이 친구를 만나 얼마나 즐겁게 낄낄거리며 잘 자라는지 확인도 하지 않고, 제게 허락도 받지 않고 어이없이 저 세상으로 가버렸습니다.

 친구가 저 세상으로 간 지 벌써 나이테에 두 줄을 보태네요. 친구가 잠들어 있는 곳으로 가서 인사라도 하고 와야지, 세월이 흘러도 빚을 갚듯 나를 보살피던 그녀를 잊지 않으리라 생각하는 마음이 아직은 그대로네요. 그런 내 마음을 베란다의 식구들이 헤아렸는지 올해 자기네들끼리 풍성한 축제를 벌였습니다. 카니발입니다.

그들의 향연 · — 65

남천나무가 잎잎이 춤추며 꽃을 피우고 열매를 맺는가 싶더니 가장 효자 노릇을 하는 군자란이 벌게진 얼굴을 부끄럼 없이 쳐들었습니다. 게발선인장은 꽃들이 산맥을 이루듯 피고지고, 베고니아는 그 큰 키를 해바라기하러 창밖으로 내밀며 몇 달을 붉은 꽃으로 표지판처럼 서 있습니다. 제비난은 손톱만한 흰 꽃을 꼬리마다 매달고, 저게 제 구실을 해 줄까하고 생각되던 천량금이 꽃을 피웠습니다. 마리안느는 무성해졌기에 맑은 공기 선사하라고 베란다에서 거실로 옮겨 두었더니 자꾸만 제 친구들 쪽으로 고개를 돌리네요. 그들의 향연, 그들의 즐거운 나눔의 시간인가 봅니다. 한 편의 교향곡을 듣는 듯합니다. 아니, 어우러진 합창입니다.

그들은 유기된 그날부터 하나의 공동체를 이루었고 아무도 파괴하지도, 범접하지도 못할 성을 쌓았답니다. 그리고 그 속에서 눈부신 망울을 맺었답니다. 작열하는 태양을 원하지도 않습니다. 빗금처럼 들어오는 따사로운 햇살에 춤을 추고, 힘내라는 말과 함께 적셔 주는 한 방울의 물도 웃음으로 받습니다. 너울집니다. 찢겼던 마음이 엷게 아물었습니다. 그 속에서는 아름다움이 피고지고 합니다.

외롬을 타는 나도 그들에게 힘입어 그 속에 한 송이 고운 꽃으로 서 있습니다.

그림자

　항상 왜 그림자가 먼저 보이는 것일까. 복사꽃 꽃잎보다 더 붉은 잔가지들이 눈부신데도 그것을 피해 흩어진 그림자를 찾는다. 그림자 속에는 은밀한 언어와 슬픔이 있다. 아니, 눈물만한 희열과 희열보다 더 진한 삶의 흔적이 들어 있다. 그러기에 그 그림자를 붙잡고 숱한 대화를 나눈다.
　산보다는 산그늘이 좋고 하늘보다는 붉은 노을과 함께 웅덩이에 빠져 있는 하늘과 구름이 좋다. 하늘을 올려다보면 구름이 쉬이 흐르지 않는 것 같은데 웅덩이 속에서는 어찌 그리도 빨리 달리는지 한 자락 바람과 같다. 시원한 걸음걸이가 좋다.
　그림자를 좋아하기 때문에 느닷없이 따라오는 이점도 있었다. 사진을 처음 배웠을 때였다. 옹기 굽는 가마 앞에 모여 선생님은 가마를 찍으라고 했다. 그리고는 합격, 불합격의 판정을 받은 뒤에 귀가하라고 했다. 단체로 왔으니 모두가 합격을 해야 돌아갈 수 있는 공동 운명이기도 했다.

불 꺼진 가마였다. 땔나무들이 아궁이를 막고 있었고 곁에는 옹기를 쌓아 놓을 빈자리가 있었다. 내 눈엔 가마의 아궁이보다는 가마와 뒤에 서 있는 대나무의 그림자가 눈앞을 가로막았다. 엷은 그림자의 흔들림, 이글거리던 가마의 열정과 옹기를 빚은 장인의 땀이 느껴지기도 했다. 카메라의 앵글이 거기로 갈 수밖에 없었다. 셔터를 누르고는 망설였다. 가마를 찍으라고 했는데 조그마한 가마와 그 그림자, 바람에 누운 대나무가 오히려 돋보였다. 곁에 있는 이들의 카메라에 담긴 영상은 가마의 입을 틀어막은 땔나무들이 싱싱하게 살아 있었다. 빨리 가져 오라는 선생님의 독촉을 받고는 마지못해 보여 주었다.

"합격." 왜 합격인지를 알 수 없어 하던 이들이 내 카메라를 들여다보고는 모두 의아해했다. 어떤 점이 합격의 요인이 되었을까 아무리 보아도 찾아내지 못한 듯했다. 선생님의 설명을 듣고서야 고개를 끄덕였다. 그들은 구름 뒤에 숨은 햇살이 또 한 번의 그림자를 만들어 주기를 바라며 서 있었고 나는 오랜만에 작은 가슴을 젖힐 수 있었다.

그 뒤부터는 물론 그림자에 더욱 심취했음은 말할 나위도 없다. 그러다가 사진을 그만 두었다. 소재를 찾아 부지런히 다녀야 하는데 게으름과 체력이 문제였다. 몇 년간은 사진을 잊어버린 듯 살았다. 그러나 그림자에 대한 아련함으로 사물보다 그림자에 눈이 더 먼저 가곤 했다.

그런데 며칠 전 조카가 꼬마 둘을 데리고 서울나들이를 왔다. 고궁은 전날 구경했다기에 마땅하게 구경 시켜 줄 곳도 없어 용인 민속촌으로 갔다. 그들에게 추억의 흔적이라도 남겨 주기 위해 손때가 묻은 카메라를 챙겨 가는 것을 잊지 않았다. 공연장에서는 농악놀이가 곧 벌어질 것이라고 알리고 있었다. 자리를 잡고 앉았다. 빠른 자진모리에 시작을 알리는 안내 멘트가 나오고 앞장 선 꽹과리의 우두머리인 상쇠의 신명나는 소리에 뒤따르는 징, 장구, 소고(小鼓)며 북들이 어우러져 점점 속도가 빨라지고 있었다. 멋모르는 아이들까지도 입을 벌리고 어깨를 들썩였다. 상모를 빠르게 돌리며 바닥을 치듯 비스듬히 누워서 돌아가자 박수소리가 하늘에 닿았다. 농부들이 두레를 짜서 일하는 곁에서 신명을 돋우어 주던 농악놀이가 이제는 이런 마당놀이에서 많은 이들을 신명나게 만들고 있었다. 나도 모르게 카메라를 끄집어내었다. 그리고는 그들의 돌아가는 모습에 앵글을 맞추고 정신없이 셔터를 눌렀다.

'덩더꿍 덩더꿍' 느리게 이어지던 북소리가 빠른 꽹과리 소리로 이어지며 농악놀이는 끝이 났다. 도회에서는 보기 드문 놀이 때문인지 아이들도 재미있었다는 표정으로 싱글거리며 일어섰다. 그때서야 카메라를 들여다보았다. 상모를 돌리는 모습의 긴 그림자가 바닥에 누웠고 짚신 대신 신고 있는 하얀 운동화의 회색 그림자가 바닥을 찍고 있었다. 빨강 노랑 파랑, 세 갈래의 선명한 허리띠가 단색의 그림자가 되어 펄럭이고 있었다. 그림자의 농악놀이였다. 고개를 갸웃이 한 채 눈에 카메라를 대고 그림자에 빠져 있는 나도 거기에 있었다.

어릴 때 놀던 '그림자놀이'가 생각났다. '그림자밟기' 놀이였다. 키가 큰 아이들이 불리했고 나 같은 꼬맹이는 유리했기에 그 놀이만큼 신나는 것도 없었다. 해가 기울기 시작하면 그림자도 길게 드리워질 것을 아는 키 큰 아이들은 해가 빠른 걸음으로 성큼성큼 걸어가 주기를 바라며 하늘을 바라보곤 했다. 아, 그럴 때 내 얼굴을 밟히지 않으려고 얼마나 애를 썼던가. 그때에도 그림자는 나의 분신이라는 생각이 은연중에 자리 잡고 있었다.

그렇다. 그림자는 분신이다. 가난과 외로움에서 나를 버티게 해 준 은사님들의 태산 같은 그림자가 지금도 내 가슴에 살아 있으니. 그 그림자에서 사랑을 익힌다. 그리고 많은 이야기를 머금고 있는 내 실루엣도 사랑한다. 사물의 그림자에서는 감추어진 언어를 찾아내고 그들이 내게 속삭여 주는 이야기를 듣는다. 머금은 이야기와 속삭이는 이야기들의 교감.
　나도 누군가의 가슴에 잊히지 않는 그림자로 드리워지기를 바라며 길게 누운 그림자를 앞세우고 돌아왔다.

날 개

합창단원을 뽑는 오디션장의 문이 열리며 키가 크고 핼쑥한 남자가 들어섰다. 클로즈업되며 밖에서 응원하는 고운 딸의 모습도 비쳐졌다. 심사위원에게 꾸벅 절을 하고는 간과 신장을 이식 받은 환자라고 자신을 소개한 그는 의사에게 하루를 허락받았다고 했다. 아버지에게 꿈을 실은 날개를 선사하고 싶다는 딸의 모습이 다시 한 번 클로즈업 되었다.
　자격은 52세 이상이면 남녀를 가리지 않았고 국적도 가리지 않았다. '청춘합창단'의 단원을 뽑는 오디션이었다. 합창단의 이름이 어울리지 않았지만 아무도 그 이름을 탓할 사람은 없을 것 같았다.
　문이 열리고 닫히며 파노라마 같은 인생이 펼쳐졌다. 스트레스로 성대가 노래하기를 거부해 오랜 기간 동안 방황하던 음악 교사도 나왔다. 일찍 혼자되어 자녀들을 다 키우고 성혼 시켜 내보내려 하나 발길을 떼지 못하는 딸애를 위해 홀로 설 수 있음을 보여 주기 위한 장한 어머니도 있었다. 고운 시절, 합창을 하던 때가 그리워 나왔다는 여든을 훌쩍 넘긴 분도 있었다. 그와는 달리 남들이 부러워하는 호텔의 CEO는 한 번도 제 인생을 살아보지 못한 한을 풀어보고자 '나'를 찾아 나섰다고 했다. 그가 부른 정지용의 「향수」는 내재된 자신을 향한 그리움이었다.

굴비 엮듯 엮어진 애잔하고 절실한 얘기들이 굽이굽이 장강(長江)이 되어 흘렀다. 심사위원들은 가끔은 안경을 벗어 눈가를 훔치기도 했고 고개를 끄덕이기도 했다.

그때, 수염을 기르고 선글라스를 낀 장년의 남자가 들어섰다. 주위는 정적에 싸였다. 꿀벌을 치는 사람이라고 소개했다. 거만스럽기까지도 한 이 인물에게 안경 낀 사연을 물으니 녹내장으로 시력이 점점 가고 있기에 안경을 낄 수밖에 없다고 했다. 흥미진진해하는 심사위원들과 그 사이엔 묘한 감정의 시간이 흘렀다. 우선 노래를 불러 보라고 하자, 그의 입에서 흘러나온 '그리운 금강산'은 한 마디로 전율이었다. 실내를 뒤흔든 압권의 테너였다.

심사위원들은 박수를 치며 일어섰고 그제서야 그는 서울시립

합창단의 단원이었음을 밝혔다. 프로였던 자리를 박차고 나갔다가 돌아온 아마추어의 자리! 날지 않고는 견딜 수 없어 찢긴 날개를 꿰매어 다시 날아보려고 택한 용기가 아니었을까.

나를 돌아보았다. 등단한 후 받은 전화에 '축하한다'는 말보다는 '옛날의 아무개가 맞습니까?', '내가 선배가 되었네요.'라는 소리가 줄을 이었다. 그런 소리를 들을 때마다 더욱더 의기소침해지는 나를 어쩔 수 없었다. 등단한 작품이 실린 잡지를 끙끙거리며 안고는 이름 지을 수 없는 병으로 앓아누웠다.

그랬다. 글을 쓰는 것 외에는 할 줄 아는 것이 아무것도 없었고 평생 그러리라 생각했지만 치열하게 싸울 용기가 없었다. 감성이 고갈되는 날의 막막함이 곧 닥칠 것만 같았던 두려움에서 해방되고 싶었다. 오랜 세월을 노트를 접고 나니 행복감마저 느껴졌다.

그러나 옆구리에서 비비대던 날개가 파닥이며 소리를 내기 시작했다. 가멸어져가는 건강이 더욱 부추겼던 것이다. 살아있음을 만천하에 알리며 홰를 치고 싶었던 것인지도 모르겠다. 중학교에 입학한 후 학교 교지에 처음 발표했던 「물레방아」라는 내 시가 생각났다. '가난한 내 시집(詩集)에도 방아는 돈다.'라는 마지막 구절. 그 방아를 힘차게 돌려보고 싶었다.

다시 일어서기로 했다. 모두가 내 인생이었다. 접은 것도, 접어 둔 날개를 펼치는 것도 나의 몫이었다. 쓰지 않고는 견딜 수 없는, 목젖까지 차 있는 나날들을 누르기엔 이젠 역부족이었다. 새롭게 발걸음을 내딛는 거라고 자신에게 타이르며 격려했다. 나를 풀어놓고 싶었다. 산야를 노래하고 싶었다, 그들처럼.

어찌 그들에게 꿈의 실현을 위한 시도라고 가볍게 말할 수 있겠는가. 접어 두었거나 찢겨진 날개로 파닥이며 날고 싶은 작은 갈망 아니, 열망이라고 말하고 싶다. 푸른 하늘을 향해 닫힌 가슴을 열고 날아보고자 하는 '자신에 대한 사랑'이라고 말하고 싶다. 날개에 이름 석 자를 새기고 비상하는 소망을 가진 그들처럼 나 역시 자유롭게 훨훨 날기 위해 서툰 날갯짓을 익힌다.

메일, 배려와 만남

　그가 보내온 2백여 통의 전자메일은 아침마다 현관 앞에 던져진 신문처럼 「친구」라고 분류된 메일함에 소리 없이 쌓이고 있었다. 거기엔 계절이 녹아 있고 사람살이의 냄새가 풍기고 있어 내가 살아 있음을 느끼게 해 주기도 했다.
　그러나 그는 내가 보낸 메일에는 답신을 할 줄 몰랐다. 밤새 내린 비로 젖어 있는 '서울 거리'를 보내면 '여기도 젖어 있습니다'라든가 '햇살에 눈을 뜹니다'라는 등등의 답신 대신 '오늘도 많이 웃으세요'라는 행복의 메시지였다. 동문서답이었다. 그가 올린 카페의 글에서 내가 받은 메일과 같은 내용을 발견한 후에야 답신을 보낼 줄 모르는 것이 아니라 공람(供覽)의 글을 쓰다 보니 개인에게 답신을 할 수가 없었다는 사실을 알게 되었다. 그 사실을 알게 된 후에도 전단지를 읽듯 담담하게 일 년을 모르는 체하며 읽어냈다. 유효기간 같은 1년을 지내고 난 후에야 조금은 서운해지면서 내게만 날아올 메일을 기다린 철부지 같은 자신에 당황함과 부끄러움을 감추어야했다.

전자메일의 효용이었다. 그는 빠른 시대에 길들여진 사람이었고 편리하고 광범위하게 전달할 수 있는 메일을 십분 이용하고 있을 뿐이었다. 그는 가급적이면 많은 사람에게 지식, 상식, 진기한 이야기들을 퍼 나르며 모두가 행복한 웃음으로 살아가기를 진정으로 바라고 있었다.

'행복은 마음먹기에 달려 있다.'와 같은 자명한 얘기를 부단히 전하고 있었지만 그 불씨가 내게 와서는 꺼져 버렸다. 전자메일이 봉함편지와 더불어 알림의 역할도 하는 것을 알지만 그것이 늘 '공람'이라는 사실에 마음이 굳어 버린 것이었다. 공유하는 것에 서툴고 공람하는 메일이 보금자리 같은 메일함 속에 쌓여가는 것에 마음을 열지 못한 탓이었다.

순전히 내 잘못이었다. 옹졸함이었다. 내 사고(思考)의 영역은 좁았다. 내게 보관되어 있는 짧게는 30년, 길게는 40여 년 전의 편지들이 사고를 묶어 두었을까. 너덜너덜해진 채 일기장 속에서 숨 쉬고 있는 선배의 군대 막사(幕舍)이야기며, 생활에서 느끼는 환희와 문학에의 열정, 젊은 날의 허허로움과 갈망까지도 배어 있는 친구의 스크랩 된 편지들이 공람의 메일에 마음을 열지 못하게 했을까. 구름 한 점 같은 '4월'의 엽서 무더기들이 나를 옹졸하게 만들었을까.

빛바랜 세월과 더불어 허망 속으로 사라지는 사연들을 찢어 버릴 나이도 되었지만 쉬이 그리 하지 못하고, 편지를 보낸 사람조차도 잊어버린 사실들을 그리움으로 품고 있으니 마음이 열릴 수가 없었다.

그러나 다시 생각해 보니 내가 잊고 있는 것이 있었다. 그가 메일을 보내는 순간, 그의 머릿속에 '나'라는 존재가 자리하고 있었기에 '클릭'을 할 수 있었다는 사실을 간과하고 있었던 것이다. 대수롭지 않은 이야기라도 나누고 싶었던 그의 성의를 묵살했다는 자책이 머리를 들고 일어났다. 내 마음 둘레에서 서성여 준 그는 폭 넓은 사람이었다. '나'만이 아닌 '함께'라는 의식이었다.

그렇다. 이젠 전자메일의 시대다. 시시각각이라는 말이 가장 적절한 표현이 될 만큼 빠르게 변화하는 시대다. 알전구의 전등불 아래서 편지를 쓰는 사람이 어찌 없으랴마는 컴퓨터 앞에 앉아 두어 번 두들기면 상대방에게 뜻이 전달된다. 뿐만 아니라 더불어 사는 사회에서 많은 사람이 희로애락을 공유할 수도 있다. 점점 빨라지기만 하는 시대의 산물이다. 거기에 발맞추어 그도 쏟아져 들어오는 유머와 건강 상식과 금언들을 퍼 와서 나누고자 애쓰고 있다. 그리고 일상을 스케치하며 많이 웃으라고 격려하기도 한다. 물론 나에게도.

그동안 서운한 마음을 버리지 못했던 나를 돌아본다. 메일함에 안부를 궁금해 하는 사연이 깃을 찾는 새처럼 날아들기를 고대하던 마음을 돌린다. 신문이 없는 일요일 아침에 현관문을 허전하게 닫고 돌아서듯 공람의 글도 찾아오지 않는 날은 추수 끝난 들판 같으리니, 내 이름 위에도 클릭을 해 주는 지인의 배려가 있기에 허망하게 문을 닫는 일이 없음에 감사하기로 한다.

그러나 이 무슨 모순인가. 지인들 사이엔 우체국을 찾아 우표를 붙이는 정리(情理)는 나누지 못한다 할지라도 수북이 쌓여도 지우고 싶지 않은, 나에게만 날아오는 메일을 기다리는 또 하나의 나를 발견하니.

밤의 선물

　자정을 넘어섰다. 아파트의 마당에는 두어 사람 쉴 수 있는 의자가 군데군데 놓여 있고 가등(街燈)이 졸고 있었다. 딸애의 귀가를 기다리는 나도 거기 있었다.
　가끔 잠들지 못하는 밤, 회사에서 늦거나 동료들과의 회식으로 늦게 돌아오는 딸애를 기다리며 밤의 이야기를 듣는다. 일상의 덤이다.
　밤은 선명한 풍경화이다. 낮에는 예사로워 눈에 뜨이지 않던 것들도 밤이면 작은 불빛 아래, 섬세한 몸놀림으로 온다. 결코 어둠이라는 속성 속에 갇히는 법이 없다. 보이지 않으리라 생각하는 것은 인간의 어리석음일 뿐이다. 그러기에 밤은 인간의 어리석음에 웃어 주기도 하고 울어 주기도 한다.

바로 앞, 주상복합 건물과 우리 아파트의 경계인 담장에는 넝쿨장미가 올해도 어김없이 피어났다. 순하디 순한 작은 송이가 불빛으로 인해 유월의 밤하늘 아래 더 붉어 보였다. 그 붉은 빛이 내게 다가와서는 16년 전으로 데리고 갔다.

퇴근길이었다. 백화점 지하에 있는 슈퍼로 내려가려는 나를 오랜만에 만나게 된 지인이 굳이 차를 나누자고 했다. 일상의 고단함을 나누다보니 시간은 흘러버려 차라리 운동이라도 해야겠다고 마음을 바꾸었던 날, 굉음은 어둠의 역사를 썼다. 두 동(棟)으로 되어 있는 백화점 건물 한쪽이 붕괴되어 502명의 목숨이 땅 속에 파묻혔던 것이다. 내가 머물렀던 곳과는 반대편이었다. 수영을 하다말고 정신없이 아비규환의 어둠을 뚫고 밖으로 기어 나왔을 때 가장 먼저 만난 것은 눈물로 범벅이 된 언니의 얼굴과 넝쿨장미였다. 목숨처럼 매달려 있던 넝쿨장미!

그 이후 오랜 기간 동안 통곡이, 가끔은 깨물며 흐느끼는 슬픔이 유령처럼 동네를 휩쓸었다. 이미 가 버린 목숨을 놓고 줄다리기하며 흥정하던 울부짖음이 낮에는 소음으로 잘 느끼지 못했지만 밤이면 잠을 설치게 할 정도로 시끄러웠다. 종교의 집합장이 되기도 했다. 염불 소리가 나오는가 하면 가녀린 찬송가

가 번갈아가며 가슴을 저미게 했다. 바로 곁에 살고 있는 아파트 주민들은 살아 있는 것이 죄인 양 잠을 이루지 못해도 항의하는 사람이 없었다. 차라리 함께 밤이라도 밝히며 붉은 장미로 그들의 가슴을 쓸어주고 싶었는지도 모르겠다. 우선 나부터 그랬다. 행운으로 살아 나왔지만 나만 나온 것 같은 미안함과 놀람으로 한 달 내내 가슴을 앓았다. 가등 아래 피어 있던 진홍의 장미는 어둠 속에 매몰된 이들을 보내지 못하는 가족들의 핏빛 가슴이었다. 오늘따라 그 장미가 더 빛나는 것은 유월의 끝자락이기 때문인지도 모르겠다.

  한참을 아픈 기억 속에서 유영하는 내 곁을 고양이가 눈치를 보며 지나갔다. 편의점에서 간식을 사 들고 흥얼거리며 나오는 젊은이도 보였다. 하루의 무게가 느껴지지 않는 그 젊음이 부러웠다. 나뭇잎 사이로 떨어지는 불빛이 기어가는 바람소리를 따라가고 있었다. 부드러웠다.

  밤은 기다림이며 돌아보는 시간이다. 바람소리에 심신을 맡긴 채 날아올 메일 한 줄을 기다리거나 의식의 흐름을 따라 걸어온 시간을 재어보는 것도 밤이며 걸어갈 시간이 얼마일까를 가늠해 보는 것도 역시 밤이다. 지나간 이들의 안타까운 죽음을 되새기게 하는 것도 밤이며, 핏빛 장미가 불빛에 젖어, 묻어 버린 시간을 후벼 파 가슴 아프게 하는 것도 밤이다.

그러나 내겐 무엇보다, 밤공기를 가르며 언덕배기를 올라올 딸애가 '사회'라는 것이 살아볼 만한 공동체라고 스스로에게 일러 주는 시간이기를 바란다. 그것은 밤이 내게 주는 가장 큰 선물, 위안이며 안식일 테니까.

사라짐에 대하여

선유도 공원에서 해넘이를 찍는 날이었다. 아침부터 부슬부슬 내리던 비가 오후가 되면서 물방울은 가시고 가을의 찬 기운에 하늘이 조금씩 붉어왔다. 슬슬 카메라며 삼각대를 준비하는 동료들의 바쁜 손놀림이 분주해지기 시작했다. 카메라도 삼각대도 새로 장만한 채 출사를 나갔으니 연습 삼아 이곳저곳에서 셔터를 눌러댔다.
"지금입니다, 저 장관! 한강에서 보기 드문 노을입니다. 해가 넘어가기 전에 담아야 합니다. 서두르세요."
우리를 인솔한 김 선생님의 목소리였다.
찰칵거리는 소리를 들으며 그쪽 방향으로 몸을 돌렸을 때는 제 몸을 투신하듯 태양은 가라앉고 있었다. 뿐만 아니라 눈 아리던 노을을 잡아당겨 끌어가고 있었다. 태양이 그림자조차 거두어가 버리자 하늘엔 순식간에 검은 장막이 내려쳐지기 시작했다. 눈 깜짝할 사이라는 말을 실감하고 말았다.

 사라졌다, 눈앞에서. 영화로운 한때를 접고 가 버린 영웅의 일생 같았다. 짧았다.

 사라짐은 그런 것이었다. 붙들 수 없는 순식간의 연출이었다.

 어릴 적, 적산가옥이 줄을 서 있던 동네 골목은 놀이터였다. '무궁화꽃이 피었습니다.' 놀이였다. 술래는 전봇대에 얼굴을 묻고 '무궁화꽃이 피었습니다.'를 읊고는 돌아본 후 움직이는 아이들을 찾아내는 것이었고 아이들은 술래 몰래 살금살금 술래에게 다가오는 놀이였다.

 어둑해진 여름날이었다. 그날도 술래가 된 채 낡은 전봇대에 얼굴을 묻고 무궁화꽃을 읊고는 돌아보았을 때 몰래 기어오거나 살그머니 걸어와야 할 아이들이 한 사람도 보이지 않았다. 더 좁은 골목으로 찾아 나섰으나 찾을 수가 없었다. 깜깜해진 여름날은 밤으로 들어서고 있었다. 눈물이 났다. 아니 엉엉 울었다. 자주 술래만 하는 꼬마를 놀리려고 아이들이 말없이 집으로 돌아간 사실을 다음날에야 알게 되었다. 사라져 없어질 수 있다는 사실을 처음으로 알았고 그것은 기다림을 동반한다는 사실은 자라면서 느끼게 되었다.

그랬다. 사라지는 것이 아주 많다는 것을, 그리고 매일매일 일어난다는 사실을 세월은 하루도 쉬지 않고 가르쳐 주었다. 산과 바다, 나무들의 합창이 그리워 숲속에 들어서면 발목을 적시던 이슬, 배냇짓하는 아가인 양 웃는 야생화 위에 맺힌 이슬방울 하나. 그 위에 앉은 바람 한 자락. 그러한 것들도 나뭇잎 사이로 흘러 들어온 햇살 한 줌에 씻은 듯 사라진다는 사실을 자연은 넌지시 가르쳐주곤 했다. 그러나 또다시 발밑을 적셔줄 이슬방울을 기다리며 그 숲속을 찾아 나서기가 일쑤였다. 사라진다는 것은 잠시 보이지 않을 뿐이라고 믿게 되었다.

그러나 이렇게 더 멋진 모습으로 그 실체를 드러내 주는 자연과는 달리 더 이상 그 모습을 보여 주지 않는 사라짐이 있으니 영원으로 가 버린 사람들의 죽음이다.

사랑하는 사람들의 결별보다 더 아픈 사라짐이 있을까. 기다림을 채워주지 않는 배반이다. 다시 돌아오마고 약속하고 떠난 것도 아니니 배반이라는 말은 어불성설이지만 기다림은 언제나 어디서나 생겨나는 것이니 어쩔 수 없다. 가슴에 못을 박고 사라졌으니 배반보다 더 무서운 형벌이다. 부모님이 그랬고 누가 부르듯 한마디의 말도 없이 가 버린 친구가 그러하다.

기다림조차도 주지 않고 가 버린 사랑하는 사람들의 결별로 착잡한 마음이 되어 모니터에 비친 한강 일몰을 본다. 어둑어둑한 서울의 모습이다. 황홀했던 모습은 흔적도 없이 흑백 사진을 겨우 벗어났을 뿐이다. 아쉽지만 기다림을 약속해 준다. 언젠가 선유도 공원에서 더 멋진 일몰을 볼 수 있는 날이 올 테니. 눈부셨던 순간을 언젠가 앵글에 담을 수 있다는 확신 같은 것으로 언 마음을 녹인다.

바람이 있다면 뜨거운 태양이 하루를 장식하고 안녕을 고할 때, 사랑했던 사람들의 얼굴이라도 한 번쯤 두둥실 하늘에 띄워 주고 가는 기대 같은 것이다. 사라진다는 것은 다시 올 약속임을 믿기에 맑게 씻은 얼굴로 떠오를 태양을 기다린다.

새벽길

  순례하던 어둠을 길어 올린 손길이 자명종을 울렸나 보다. 다섯 시를 조금 넘어섰다. 가을은 기울어져 가는데 아직도 가지에 몸을 매단 갈색의 목련 잎이 조심스레 적막을 깨며 흔들린다.
  새벽 미사에 참석하기 위해 집을 나선다. 여행을 제외하고는 빠짐없이 행하는 일과의 시작이다. 새벽미사에 참석할 수 있는 것은 축복이다. 감격스럽다. 내가 아파 드러눕지 않았기 때문이며 식구들이 그런대로 탈 없음을 뜻하기 때문이다. 그것만이라도 얼마나 다행이며 고마운 일인가. 그러기에 조용히 나서는 새벽길이 선물 같다.
  아파트의 어둠을 뚫고 큰길로 나왔다. 어젯밤 내린 비에 탈진한 마로니에며 플라타너스 잎들이 가지에서 더 이상 버틸 힘을 잃었나 보다. 바닥에 내동댕이쳐진 채 젖은 몸을 뒤척이지도 못하고 수북이 쌓여 있었다. 젖은 몸, 그것은 추억이며 사계를 누빈 삶의 무게였다. 내가 버린 시간도 거기에 섞여 있는지도 모르겠다.

먼 쪽에서 비질하는 소리가 들려왔다. 자동차의 전조등으로 눈에 들어온 것은 꾸부정한 허리, 작달만한 키의 환경미화원이었다. 그러나 그의 작은 몸을 돋보이게 한 것은 눈부신 야광 옷이었다. 지나다니는 자동차로부터의 사고를 미연에 방지하기 위해 그 옷을 입고 새벽을 쓸고 있는 것이었다.

달리는 차든, 아침미사를 위해 집을 나선 노인이든, 부지런히 우유 배달을 위해 달려가는 아줌마든, 그들에게는 낙엽이 미끄러울 뿐이지 결코 낭만일 수만은 없다. 그것을 알고 있기에 그는 부지런히 비질을 하며 아침을 열고 있었다. 침묵으로 새벽을 쓸고 있는 그의 성실이, 할 일을 마쳤을 때의 보람과 그 뒤에 올 희망이 푸른빛이 되어 전조등 앞에서 일렁이는 것 같기만 했다. 바다 위에 말없이 서 있는 등대 같은 것. '부우' 하며 뱃고동 소리가 나면 놀란 듯이 불을 밝혀 갈 길을 안내하는 등대 같았다. 그러고 보니 그가 입고 있는 옷은 내부에 고여 있는 그의 성실함이 번져 나와 빛을 이루고 있는 것이었다. 야광의 옷도 그의 성실과 책임감이 없이는 결코 빛나지 못하리라.

뿐만 아니다. 그는 쌓인 낙엽들의 꿈을 안다. 새들에게 쉼터를, 사람들에겐 그늘을 주고는 결별의 손을 흔들며 떨어진 잎새들이 포대에 담겨 떠나가서는 한 줌의 재가 됨을 알고 있다. 그러나 그것이 자양분이 되어 봄이면 아기 손으로 태어날 날을 위해 기다리는 묵묵한 의지를 안다. 아니, 땅 밑에서 밀어 올리며 부지런을 뜨는 뿌리들의 언어를 들을 줄도 안다.

그러기에 그의 비질소리는 밤새 쌓인 세상의 찌꺼기를 쓸어내는 소리이며 희망의 노래였다. 구부정한 그의 뒷모습이 점점 크게 다가오고 있었다. 어쩌면 새벽길이 하루를 맑게 시작하기 위해 성당으로 가는 길이 아니라 그를 만나고자 나선 길인지도 모르겠다는 생각을 했다.

발걸음을 재촉하며, 저렇게 빛을 발할 수 있는 옷 하나라도 입고 누군가에게 등불이 되고 희망이 되고 싶은 소망 하나를 가슴에 심었다.

오프사이드 반칙

 운동경기는 어떤 종목이든 구경꾼들을 짜릿하게 만든다. 특히 우리나라 사람들의 축구 경기에 대한 관심은 대단하다. 그것은 2002년에 우리나라가 일본과 공동 개최한 월드컵에서 4강 진출을 했던 것이 가장 큰 요인이 된 것 같다. 더구나 2010년에는 제2회 여자 17세 이하 월드컵 축구 경기대회에서 FIFA 대회 첫 우승까지 하지 않았던가. 우리의 축구는 이미 골목 축구를 벗어난 지 오래다.
 또한 운동에 문외한인 나와 같은 사람도 축구 경기의 규칙은 그리 어렵지 않다. 발로 차는 경기이니 손을 대서는 안 될 것이며 공을 차는 경기니 사람을 차서도 안 된다. 그리고 딱 한 가지만 알아 두면 어느 정도 경기의 흐름을 알 수는 있다. 그

한 가지가 바로 오프사이드 반칙이다. 수비수가 한 사람도 없는 적진에 공격수가 들어가서 공을 차 넣으면 골인으로 인정하지 않는 것이다. 무방비 상태에 놓인 상대방에게 공격을 해서는 안 된다는 규칙이다. 신사적이다.

'황야의 무법자'라는 옛날 영화가 생각나기도 했다. 잔인할 정도로 냉혹한 서부 활극이었다. 주인공 크린트 이스트우드는 담배를 문 입술이 옆으로 돌아갈 때마다 총알을 날렸지만 뒷모습을 보이고 있는 이에게는 결코 총을 쏘지 않았다.

그런데 우리 인간 생활에서는 얼마나 많은 오프사이드 반칙이 일어나고 있는가! 나도 군중에 휩싸여 누군가를 매도했는지도 모를 일이다. 상대방이 없는 곳에서 헐뜯으며 곤죽으로 만들어 버리는 경우가 바로 오프사이드 반칙이 아니겠는가. 무방비의 상대방에게 가하는 한 방의 주먹이 가끔은 죽음 직전에 이를 만큼 타격을 입히기도, 죽음으로 이르게 하기도 한다.

얼마 전에 나도 도마에 올랐단다. 분명히 오해였다. 그러나 못 들은 체하며 넘기기로 마음먹었다. 구구한 변명이 되어 물수제비처럼 번져갈 파문을 줄이고 싶기 때문이었다.

착잡한 가슴에 바람이 부채질을 하기에 집을 나섰다. 어스름에 나를 맡기고 허허로움도 아쉬움도 모두 털어내고 돌아오리라 생각하며 지하철에 올랐다. 지하철 속은 만원이었다. 사람들에게 밀려 고개를 들고 벽면에 붙어 있는 글을 읽었다.
 "당신은 오프사이드 반칙을 하고 있지는 않습니까? 내린 뒤에 탑시다."
 여기에서도 아름다운 세상살이를 위해서 오프사이드 반칙이 적용되고 있었다.

왜

　예비자들에게 교리를 가르치는 일을 다시 맡게 되었다. 2년을 이렁저렁 사정으로 쉬다가 주님이 도구로 쓰신다면 어떻게 외면하겠는가 하는 생각으로 교리 지도를 부탁하는 전화에 승낙하게 되었다. 새로 부임해 오신 신부님께서 그동안 왜 쉬었느냐고 물으셨다. 갑자기 난감했다. 대답하자면 구구한 변명이었다. 우물쭈물하는 내게 신부님은 다음에 듣겠다며 가볍게 넘어갔다.
　그랬다. 가끔은 누구로부터 '왜'라는 질문을 받는다. 그럴 때마다 곤혹스러워진다.
　한마디로 설명할 수 없을 때가 많기 때문이다. 물론 물리적인 작용으로 인한 경우엔 예외이다. 그러나 명쾌한 대답을 할 수 없는 경우보다 쉽게 던져 온 질문 하나에 나를, 아니 내가 처했던 상황들을 모두 쏟아야 하는 경우가 허다하기 때문이다.

그런데 그 어려운 질문을 나도 자주 던진다. 군산에서 혼자 지내는 아들이 몇 달을 상경하지 않았다. 금요일쯤이면 이번 주일에는 올라오지 않을까 하는 기대를 갖고 있는데 이번 주일에도 올라올 수 없다고 전화를 했다. 대뜸 '왜'라는 말을 옥타브 높여 보냈다. 얼마 동안 전선을 허망한 바람만이 흐르더니 아들의 대답은 '그냥'이었다. 잠시의 침묵과 그냥이라는 말 속에 숨어 있을 아들의 마음을 헤아려보았다. 결혼을 미루어도 한참을 미루었고, 객지생활은 안정 되지 못하고 있으니 나와 얼굴 마주치기도 편하지 않으리라는 생각이 들었다. 내가 신부님의 질문을 받고 곤혹스러웠듯.

그러면서도 부질없는 질문을 종종 하는 나를 발견하고 후회하곤 한다. 10여 년 전이었다. 두통으로 병원을 찾았을 때 머릿속에는 동그란 사탕 모양의 종양이 자리하고 있었다. 더구나 의사는 시신경을 자극해 시력이 점점 갈 수도 있으니 수술을 해야 한다고 했다. 짊어지고 사는 병마도 많은데 엎친 데 덮친 격이었다. 그날 밤 나는 하느님께 하필 왜 내게 그런 시련과 아픔을 주느냐고 패악을 부리며 울었다. 억울했다. 감당할 수 있는 무게보다 너무 무겁다고 했지만 돌아온 대답은 없었다. 그러나 상(喪)을 당한 사람처럼 며칠을 훌쩍이고 있는 동안 가슴에 고이는 묘한 감정들이 대답을 대신하고 있었다. 왜 나에게 이런 병마가 주어졌을까보다는 현명한 대책이 필요하다는 사실이 울음 뒤에 온 대답이었다.

수술 후에 올 수 있는 후유증보다는 명료한 의식으로 살다 가겠다고 생각한 순간 급하게 의사에게 뛰어가서는 수술을 포기한다고 했다. 당찬 선언이었다.

그 이후 상대방에게 이유를 묻는 것이 얼마나 허망한가를 알게 되었기에 그 질문은 스스로에게 던지기로 했다. '왜 너는 그렇게밖에 할 수 없었니?'라는 물음 하나에 수없이 펼쳐지는 대답들은 자신을 옹호하는 경우도 있지만 나무라고 담금질하여 정련된 쇠붙이로 만들어주는 경우도 허다했다. 가끔은 그럴 수밖에 없었다고 자신을 위로하며 다독일 때도 있었다. 그 대답은 무궁무진하여 몇 시간을 상념 속에서 보낼 수도 있었다. 그러기에 '왜'라는 질문은 자신에게 던질 때 가장 현명하고 값진 대답을 가져올 수 있다고 믿게 되었다.

그런데 이런 생각을 오래 가져갈 수 없는 일이 생겨났다. 며칠 전 외출하는 길에 손녀를 데리고 나들이 나온 지인을 만났다. 꼬마는 서너 살 되었을까. 할머니 친구라고 인사하라고 했지만 꼬마는 그 말은 바람결처럼 듣고 제 할머니에게 하고 있던 질문을 계속했다. 저녁노을로 붉은 하늘을 보고는 왜 그러냐고 했고 어디 아프냐고 묻기도 했다. 새들이 왜 밥도 먹지 않고 울고만 있느냐고 걱정했고 엄마 아빠 새는 어째서 새끼를 울리느냐고 의아해 하기도 했다.

순백의 질문이었다. 고민하고 헤아리며 던져진 물음이 아니었다. 눈부신 자연에 대해 저절로 생겨난 호기심이었고 꼬마에게는 영원한 추억이며 성장 과정이었다. 그것만큼 상큼하고 신선한 질문이 있을까. 아이의 질문에 하늘이 열리고, 땅이 흔들리며 새들의 노래에 윤기가 흘렀다.

내 내부를 향해 질문을 던지고는 가끔은 회한으로, 어떤 때는 한 발 물러선 자신을 대견해하기도 했다. 자신에게 질문을 던지는 것이 가장 합당하다고 생각하고 있었던 것은 좁은 눈이었다. 우물 안 개구리였다. 이제는 어린아이처럼 하늘을 보며 삼라만상에게 질문을 던지기로 했다.

왜 바람은 나뭇가지를 흔들어놓고는 아랑곳없이 가버리는지, 오늘의 태양은 어제보다 무슨 연유로 더 눈부신지. 아름다운 얘기들과 살아있음의 환희를 깨우쳐주는 자연의 선물들.

이렇게 가슴 뛰는 사실들로 가득 찬 자연에게 창문을 두드리듯 묻기로 했다. 왜 오늘은 어제보다 더 큰 태양이 떠올랐는지….

정지선(停止線) 앞에서

    비가 쏟아질 기세였다. 우산도 없이 나섰다가 집으로 돌아가는 길이었다. 바람에 쫓기듯 횡단보도를 건너기 위해 부리나케 뛰었다. 시큰거리는 무릎에게 미안해 할 생각조차 하지 않았다. 그러나 건널목에 섰을 때에는 파란 신호등불 아래 3이라는 숫자가 깜박이고 있었다. 3초였다. 뛸까 말까, 망설이는 잠깐 사이에 불빛은 **빨강**으로 바뀌었다. 순간, 한 박자 늦춤이 여유를 가져왔다.
    다시 신호가 바뀌기를 기다리며 바라다 보이는 아파트의 넓은 뜰에는 적어도 15미터쯤 됨 직한 오동나무에 보라색 꽃이 무리지어 저무는 봄을 지키고 있었다. 먹장구름도 나뭇가지에 걸렸다. 비에 젖으면 오동나무는 거문고 소리를 낼까, 아니면 가야금을 뜯을까. 옆에 선 녹색의 단풍나무 잎사귀의 끝은 아가씨의 가지런한 손톱 끝에 발린 매니큐어처럼 볼그레하게 물이 오르고 있었다. 온몸이 달아오르듯 점점 붉어지겠지. 타올랐다가 비장한 죽음을 맞는 가을까지. 짧은 시간이지만 펼쳐진 풍경들을 전시장에서 그림을 감상하듯 바라보았다.

  3초 앞에서 망설인 이유는 몇 년 전에 일어났던 사고 때문이었다. 점심 식사를 마치고 여럿이 승용차를 타고 아파트로 들어가기 위해 좌회전 신호를 기다리고 있었다. 운전석 옆에 앉은 나는 멀리서 비탈진 길을 달려 내려오는 오토바이를 보았다. 그러나 운전대를 잡은 지인은 까맣게 멀다고 생각했는지 신호에 아랑곳없이 좌회전을 하려고 핸들을 돌리려고 했다. 그 순간 물체라고밖에 생각할 수 없는 것이 하늘로 튀어 오르더니 차에 털썩 내려앉았다. 운전석 옆이라 바로 내 눈앞이었다. 오토바이는 뱅그르르 차 옆에서 돌고 쏜살같이 내려오던 청년은 정신을 잃었는지 말이 없었다. 나도 넋이 나갔다. 수습 과정은 복잡했지만 차 위에 내려앉았으니 크게 다치지 않아 그것으로 감사했다.

  그때부터였을까. 나는 내 마음자리에 정지선을 그어 두었다. 일상의 생활에서 한 박자 늦춤을 몸에 익히기로 했다. 쉬운 일은 아니었다. 하루에도 열두 번씩 반목과 화해를 되풀이하며 서서히 몸에 배어 간다고나 해야 할까. 그래, 서운함이나 미련 같은 것으로 마음 아파하지 않기로 했다. 상대방에게 베푼 것은 주고도 억울해하지 않기로 다짐을 했다. 던지는 말은 그어 놓은 금 앞에서 내게 던져 보기도 하고 쥐고 있는 손을 펴기도 했다. 모래를 손 안에 쥐고 있으면 솔솔 손가락 새로 빠져 나가듯 없어질 것에 마음을 돌리기로 했다. 금 밖으로 한 발짝 물러섰다.

그러나 이 어찌된 일인가. 그 정지선이라는 금을 밟지 않겠다는 마음을 가질 수 있게 된 것은 너그러워지거나 세상살이를 알아가기 때문이 아닐지도 모른다는 의구심을 갖게 된 것이었다. 나이 앞에, 점점 쇠약해지는 체력 앞에 어쩔 수 없이 금 긋게 되는 허망의 선, 비우는 것이 아니라 포기가 아닐까 하는 두려움이었다.

그러나 지금이라도 포기해야 할 것을 포기할 줄 아는 나를 사랑하기로 했다. 포기하는 아쉬움이 어찌 없으랴. 그러나 누군가에게 강요당하기 전에 나를 정리할 수 있는 금을 긋는 것도 너그러움이라고 생각하고 싶었다.

하롱하롱 꽃잎이 날리고 있었다. 아름다운 모습으로 결별하는 꽃잎도 더 이상 매달려 있을 수 없음을 알고 미련을 버렸기에 그리 곱게만 보이는 것이 아닐까. 잃어버리는 것조차 행복해하는 나무들.

미련퉁이처럼 욕망이나 욕심이라는 유혹의 선 앞에서 멈추기를 저어할까 봐 자신을 추스른다.

24에서 50까지

언제부터였을까. 인터넷 서점에 빠져 저녁마다 그 마당에서 서성이게 된 것이.

인터넷 서점에는 고전부터 현대물까지 장르별로 없는 책이 없다. 그렇다고 희귀본까지 다 있는 것은 아니다. 중고 서점에도 마찬가지다. 오래되었다기보다 헌 책들이다. 이것이 바로 밤마다 나를 그 마당으로 끌고 들어가는 이유 중의 하나이다. 어느 날 행운으로 찾는 책이 나올 수도 있으리라는 막연한 기대 때문이다. 싼 가격으로 잃어버린 '지용 시선'이나 김용준의 '근원 수필'의 초간본을 만날 수 있다면 그런 횡재가 또 어디 있겠는가. 그러나 찾는 책이 없다고 해서 그 장터에서 빈손으로 빠져나오는 경우는 그리 많지 않다. 신간 서적에 눈이 머물고 대강의 책 내용을 읽는 사이, 모니터 상에는 주문서가 이미 떠 있다. 성미 급한 손의 장난이다.

신간 서적은 주로 K문고다. 그런데 어느 때부터인지 책이 배달되어 올 때마다 케이크 교환권이 들어있었다. 증정이벤트였다. 무심히 넘기다 한 번쯤은 참여하고 싶었다. 덤이라는 유인에 이끌려…. 스크래치를 긁은 후 교환 번호를 등록해서 경품을 받으라는 것이다. 그림으로 보여 주는 케이크의 모양이 입맛을 돋우었다. 동전 한 닢을 끄집어내어 긁으려다 보니 참여 대상이 24세에서 50세로 되어 있었다.

어이없었다. 빵도 나이 제한이라니. 맨 아래에는 K문고와는 무관하다는 설명까지 붙어 있었다. 약 올리는 이 경품권이 책을 살 때마다 어디서 붙어 왔을까. 24세에 미달한 사람도 50세를 뛰어넘은 나와 같은 심정일까.

나이에 미치지 못해 얼른 대학생이 되고 싶었던 때도 있었다. 학창 시절이었다. 이웃엔 삼류로 분류되던 재상영 극장이 있었다. 낡은 필름이 비가 쏟아지듯 화면에 금을 긋고 가끔 전등불이 나가 버리면 휘파람 소리가 이곳저곳에서 나던 그런 극장이었다. 의자는 긴 나무의자였는데 두 편 동시상영도 자주 있었다. 요즘은 생각할 수도 없는 '학생 입장 불가'의 영화가 대부분이었다. 그러나 극장측에서는 학생 고객이 없으면 수입원이 거의 없는 형편이니 학생인 줄 알면서도 눈감아 주곤 했다.

어둑해지면 동네 친구들과 그 극장을 쉼터인 양 드나들었다. 퇴근 후의 시간을 극장 출입하는 학생들을 단속하는 일로 채웠던 훈육부 선생님들도 목적은 달랐지만 같은 장소를 찾았다. 선생님들이 극장에 들어서기만 하면 은은하게 사이렌을 울려 주었고 우리들은 화장실로 달려가서 숨었다. 화장실을 돌며 누군가 나오라는 신호를 해 주기를 기다리던, 가슴 콩닥거리던 시절이 내게도 있었다.

교복을 벗는 날이 오기를 목을 빼고 기다렸다가 대학 일학년 여름방학엔 한 달에 서른 두 편의 영화를 보았다고 수첩에 기록되어 있을 정도다. 기다림의 날들에 대한 기억이 아직도 생생하다. 그런 이후 내 생활은 나이와는 무관했다. 영화도, 사랑도, 술을 마시는 일까지도 자유의지였으며 선택사항이었다. 나이가 배제 되었던 시절은 푸름이었다. 고뇌도, 아픔도 아름다움이었다, 눈부심이었다.

언제부터였을까, 데드라인 같은 나이 제한 앞에 다시 무너져 내리기 시작한 것이. 마음에 드는 단체가 있어 가입하려면 태산이 되어 가로막는 나이의 범위. 미치지 못한 것이 아니라 경계선을 넘었기 때문이었다. 심지어 종교단체 독서모임의 포럼까지도 50세에 선을 그었다.

집에서 보내는 대부분의 시간을 음악 속에 침잠해 있거나 책을 읽는데 소비한다. 인식의 중량만큼 늘어가는 책을 사랑한다. 그것만이 물리지 않고 언제라도 즐겨 할 수 있는 일이기 때문이다. 혼자 즐기는 일에는 간섭을 받거나 걸림돌로 난처해 본 적도 없다. 그런데 얼마 전부터 케이크 교환권 증정이벤트라는 이름을 붙인 종이쪽지 하나가 책 속에 묻어와 나를 슬슬 건드리기 시작한 것이다.

전화기를 들어 이곳저곳 탐문하듯 찾아 들어갔다. 전화 통화에서 얻어낸 결과는 그 나이에 해당되는 식구를 동원하면 된다는 것이었다. 이미 심사가 틀려 있기에 그 나이에 해당되는 식구는 한 사람도 없다고 버럭 고함을 지르고 말았다. 주변머리 없다는 듯 전화는 끊어졌다. 인터넷 서점에 다시 들어가서 두 권의 책과 CD 한 장을 구매하고는 택배 아저씨의 목소리를 기다렸다. 가시 하나를 가슴에 품고.

이틀 후, "택배!"라는 아저씨의 목소리가 들리자 용수철처럼 튀어나가 책보다 증정이벤트라는 쪽지를 먼저 찾았다. 이번에도 증정이벤트라는 쪽지는 들어 있었다. 행운번호를 받아서 입력을 하라고 했다. 덧붙인 글에는, '본 이벤트는 25세~47세 남녀 고객에 한해 참여 가능, 추첨하여 당첨된 이에게는 1년치 생리대(소형 20묶음) 증정'이라고 되어 있었다.

허탈과 실소를 오후의 햇살에 묻었다. 책 속을 유영하는 동안 세월은 이미 저만치 흘러가 버려 내가 설 자리는 점점 좁아져가고 있었다. 그러나 내 영역이 모두 닫힌 것은 아니다. 하찮은 이벤트 하나에 손을 내민 내 치기가 부끄러울 뿐이었다. 광활히 펼쳐진 내 영역을 두고 남의 것을 탐낸 나를 나무라는 보이지 않는 손이었다.

갑사(甲寺)에서의 하루

이야기 하나

가을이 가고 있었다. 구름이 함께 떠나자고 했다. 마로니에 잎이 뒹굴며 유혹했다. '내일'이라는 낱말이 내게 존재하지 않을 수도 있다고 넓적한 플라타너스 잎이 제 몸집에 어울리지 않게 하롱거리며 속삭였다. 가을을 품에 안기 위해서는 무작정 가을 속으로 떠나야 한다고 또 다른 나무들이 귀띔해 주었다.

남부터미널에 갔을 때 그 시간에 출발하는 버스는 완행열차 같은 계룡행 일반버스였다. 계룡산이 생각났고 가을엔 갑사의 풍경이 눈이 시리게 아름답다는 누군가의 말이 떠오르자 이미 차표는 내 손에 쥐어졌다.

고속도로를 달리던 버스가 국도로 접어들더니 비닐을 입고 있는 짚단이 그림처럼 지나가고 머리를 풀어헤친 억새가 연인을 보낸 여인 같은 모습으로 눈앞을 스쳐갔다. 버스는 곧 지방도로로 들어섰고 두어 걸음 가다가는 보따리를 들고 내리는 할머니들을 배웅했다. 소읍(小邑)을 얼마를 빠져 나갔을까. '멍이의 영양탕'이라는 작은 음식점을 지나자마자 계룡 버스정류장에 도착했다. 처음으로 가 본 마을이었다. 길을 잃으면 새 길이 나타나는 것일까. 정말 우연히 '갑사 주차장'에서 근무하는 이를 만나 그의 차로 갑사까지 가볍게 갈 수 있었다.

주차장까지의 길엔 노오란 은행잎들이 질펀히 누워 있기도 하고 가벼운 나비춤으로 내려오고 있었다. 주차장에서 시작하는 '오리(五里)숲'. 입구까지 2킬로미터 남짓한 단풍 길이 객들의 마음을 빼앗았나 보다. 가지만으로도 터널을 이루었고 잎이 진 가지 사이를 뚫고 하늘이 어깨에 내려앉았다.

백제시대에 창건되어 통일신라시대에는 화엄종 10대 사찰이 되었으며 조선시대에는 호국불교의 도량으로 승병을 배출한 사찰이란 이름에 걸맞게 그 역사 속에 국보와 보물을 간직하고 있었다. 불교문화는 우리 문화의 중추라는 생각을 하게 했다.

대웅전을 돌아 자연관찰로이며 산책로인 곳으로 들어섰다. 거기엔 가을이 다양한 몸짓으로 나를 맞이했다. 시퍼런 개울물 소리며 그 물의 깊이조차 알 수 없도록 수북이 덮어버린 낙엽들.

개울을 비켜 물소리 따라 걸으니 낙엽 속에 발목이 빠졌다. 얼마나 많은 잎을 달고 있었을까. 아낌없이 훌훌 벗었나 보다. 흐르는 개울물 소리는 가을이 가고 있는 소리였다.

한 모퉁이를 지나니 대나무가 울고 곳곳에 서 있는 감나무엔 조랑조랑 감이 열려 까치들이 그림처럼 앉아 쪼아 먹고 있었다. 가을의 선물이었다. 주고도 아까운 줄 모르고, 떠나도 내일을 기약하기에 아쉬운 줄 모르는 가을이 가슴에 안겼다.

이야기 둘
"선배님, 추운 날씬데 무얼 하고 계세요?"
"갑사, 가을, 기막혀, 눈물 나."
충청도 간이역, 심천에서 온 후배의 메시지에 답을 보내자 내려오는 길에 소나무로 지은 자기 친구이자 친척인 집에 꼭 들렀다 오라고 신신 당부했다. 이미 전화번호가 떴다. 마중 나온 사람과 만난 장소까지는 꽤 많이 걸었다. 시골길은 손가락으로 가리키며 '바로 저기'라고 해도 적어도 5리는 넘는다. 그날이 그랬다.

들렀다 오라고 할 만했다. 소나무와 진흙벽으로 지어진 집은 들어서자 솔향으로 진동을 했다. 솔숲에 들어선 기분이었다. 전통적인 문고리와 진흙 그대로의 온돌 위에 거적을 덮듯 마련된 방도 있었다. 자연이 숨 쉬고 있었다. 천장을 올려다보았더니 역시 소나무의 격자무늬였다. 우리의 전통이 고스란히 담겨 있었다. 마당엔 잎 진 배롱나무가 대 여섯 그루 서 있고 마가렛이며 구절초가 가을빛에 젖어 있었다.

바쁘게 마중 나온 안주인은 아들 여섯에 딸 넷의 어머니였다. 퀴리 부인을 닮고 싶었고 화학도였던 공부벌레 이 아낙은 대학생 때 과대표로 가나안 농군학교에 다녀온 후 완전히 달라졌다고 한다. 졸업 후 바로 결혼하고 가장 좋은 결실인 보배 같은 아이들을 낳았고, 농촌의 지킴이가 되어 하늘의 뜻대로 살아가고 있었다. 천심 같은 부모님을 닮아서인지 아홉 명이 제 몫을 다하는 사회인이 되었으며 막내만 고등학교 재학생으로 집을 지키고 있었다.

가을의 결실은 멀리 있는 것이 아니었다. 바로 그 집에 있었다. 잘 영근 열 개의 과일 같은 것이었다. 내일 비 소식이 있다고 바쁘게 손을 움직이고 있기에 차 한 잔만 마시고 집을 나섰다. 미안하다며 몇 번이고 인사하는 아낙을 뒤로하고 총총히 돌아섰다. 그 결실들로 흐뭇해진 나는 떠나가는 가을에 보폭을 맞추며 걸었다.

이야기 셋

공주버스터미널로 가야 했다. 한 시간에 한 대라는 버스는 감감했다. 을씨년스런 바람이 옷깃으로 파고들며 추위를 몰아왔다. 감감한 버스를 기다릴 수밖에 없었다.

그때 작은 트럭을 탄 부부가 공주 시내거나 터미널로 가려면 어느 방향으로 가야 하느냐고 물었다. 어디서 왔느냐고 물었더니 대구에서 왔는데 늦은 시간에 도착해서 갑사 구경도 하지 못했다고 했다. 밤을 지내기 위해서는 터미널 부근이거나 시내에 나가면 찜질방이 있을 것 같아서 찾는다고 했다. 두 사람 곁에 앉았다. 실린 짐을 보니 얇은 담요며 라면이 있어 유랑 중이냐고 염치없이 물었더니,

"우리가 알고 세상은 겨우 네모만한 거 아입니꺼? 그래서 그것 말고도 더 보고, 알고 싶어 가을이 되면 떠나는 버릇이 생겼심더. 떠나오면 언제나 뭐든 얻어서 가지요. 이번에도 분명 그러할 끼라예."

내가 나를 찾아 떠났듯 그들도 잃어버린 자신들의 모습을 찾아 나선 길이었다. 공주버스터미널에서 우리는 헤어졌다. 네온이 반짝이고 있었다. 찜질방을 찾아 떠나는 두 사람을 바라보며 그들이 더 많은 것을 보고 그리고 달라진 자신들의 모습을 안고 무사히 돌아가기를 바라며 손을 흔들었다.

3.
딱 한곳으로만 가는 눈길

그리운 바보
- 김수환 추기경님께 -

"하느님의 온전한 사랑을 가슴 깊이 깨닫지 못하니까 나는 바보야"라고 하시던 추기경님!「바보야」라는 다큐멘터리 영화 속에서 한 번 더 당신을 만납니다. 추기경님은 모르실 겁니다. 제가 추기경님과 악수했다는 사실을. 1997년 IMF로 나라 곳간이 비어 있을 때 곳곳에서 '금 모으기' 행사를 대대적으로 벌였고 저희 본당도 참여를 했습니다. 그때 나라를 걱정하시는 마음으로 저희 격려차 오셨고 교우들과 일일이 악수를 나누었습니다. 당신의 마음만큼이나 따뜻하고, 낮춤만큼이나 작던 그 손을 영원히 잊을 수 없습니다.

당신의 일생은 낮춤이었습니다. 가난한 자, 소외된 자, 마음 아픈 자들에게 위로였고 힘이었습니다. 든든한 버팀목이었고 영적인 아버지였습니다. 젊은 날 안동 시내의 공공연한 비밀은 가난한 사람들에게 고백성사 때 건네주는 돈 봉투였다고 교우들은 회고했습니다. 돈이 많지 않은 젊은 사제가 건넨 돈은 그들에게 자립할 수 있는 힘을 길러 주었을 겁니다.

1987년 상계동의 철거민들이 명동성당으로 몰려왔을 때 신자들의 불만은 높아지더군요. 명동성당을 보루로 삼는 사람들과 불편함을 참지 못하는 사람들과의 마찰이었겠지요. 그해 성탄절에 당신은 그 사람들에게 예수님처럼 '발 씻김'의 행사를 하셨더군요. 소외된 자에게 가장 낮은 자세로. 그리고 늘 하시는 말씀은 당신이 모든 일을 저지른 사람처럼 "늦게 와서 미안하고 대책 없어 미안하다"고만 하시더군요. 이주 노동자의 쉼터를 찾았을 때도 송구스러워하는 마음자세로 함께하시던 모습이 제 가슴에 뜨거운 눈물로 고입니다.

추기경님은 소외된 이들의 등불이었습니다. 성 매매춘 여성들의 쉼터에서도 그들에게 나무람보다는 "그렇게 고생 했구나, 많이 힘들었겠구나" 하시던 모습이며, 그녀들이 자립하여 세운 '막달레나 공동체'의 한 여인이 세상을 떠나자 주저 없이 달려가 눈물을 흘렸으니 소외된 그들이 처음으로 사람다움을 느끼지 않았을까요.

　그러한 추기경님도 부러워한 사람이 있다고 했으니 형님인 김동한 신부님과 마더 데레사 수녀님이었습니다. 결핵환자를 돌보다 병들고 실명하여 64세로 세상을 하직한 형님을 항상 주님의 흡족한 종이었다고 생각하고 있었으니까요. 그리고 데레사 수녀님이 한국을 방문했을 때는 수녀님으로부터 진한 그리스도의 향기를 맡을 수 있다고 하셨죠. 그리고 이곳저곳의 안내를 손수 하시면서 즐거워하시던 모습은 오래오래 기억될 것입니다.

　추기경님, 당신은 진정한 애국자였습니다. 신학교 시절, 황국신민의 소감을 묻는 시험문제에서 "나는 황국신민이 아니다"라고 적었는데도 예상치 않게 일본 유학에 길에 오르더군요. 이미 거목으로 자랄 추기경님을 알아 본 교수 신부들의 배려였습니다.

　그곳에서 식민지의 학도병으로 가미가제가 되어 고초를 겪고 죽음의 문턱에 이르렀을 때 떠오른 것은 어머니의 얼굴이었다고 말씀하셨습니다. 전장에서의 소망이 어머니의 무릎에서 잠들고 싶은 것이었다고. 그러나 돌아와서는, 옹기장수 막내아들은 결혼을 하고 장사꾼이 되고 싶던 평범한 꿈을 접을 수밖에 없더군요. 어머니의 권유로 13세에 소신학교(小神學校)에 입학한 지 18년이 흐른 뒤에 주님 앞에 엎드릴 수밖에 없었던 것은 주님께서 다른 길을 보여 주지 않으셨기 때문이었습니다. 고독과

그리운 바보 · ─ 115

싸워야 하는 길, 정결과 청빈과 순명, 순교의 길인 사제의 길을 택하게 하셨습니다. 주님의 소중한 종으로 당신을 택하신 것이었습니다. 어린 시절부터 나라를 사랑하던 사랑의 마음을 주님은 사제의 길로 인도하셨습니다.

44세에 주교가 되고 45세에 서울대교구장이 되었을 때 촌사람이 어떻게 하면 이 길을 면할 수 있나 고민했다고 했습니다. 그러나 1969년에 다시 세계최연소 추기경이 되었으니 가시는 날까지 사랑의 길을 걸을 수밖에 없었습니다.

추기경님, 당신은 종교인이기 이전에 시대의 성인이었습니다. 1987년, 시대의 격동기였죠. 명동성당은 은둔처이자 피난처가 되었습니다. 정부가 성역인 명동성당을 무력으로 점거하겠다고 하자, "당신들은 나를 밟고, 우리 신부들을 밟고, 수녀들을 밟고 나서야 학생들을 만날 수 있다."라고 하셨으니 약자들의 울타리이며 마지막 대변인이었습니다. 어찌 옳고 그름을 몰랐겠습니까. 어찌 학생들만의 편이었겠습니까. 누구보다 나라 사랑의 마음이 강했던 분이었으니 방법을 탓한 것이었겠지요.

76세에 혜화동 할아버지로 돌아와서는 더욱 바쁜 걸음이었습니다. 어린이집, 쉼터 등 손이 필요한 곳이라면 어디든 가셨고 아이들 앞에서는 기꺼이 아이가 되어 순박한 웃음을 나누었습니다. 그리고는 기도와 묵상의 나날들이었습니다. 은퇴식을 할 때 가장

하고 싶었던 일은 운전면허를 받는 소박한 꿈이었더군요.

미루나무와 달이 있던 고향 마을을 그렸던 그림에서 망향과 어머니에 대한 그리움을 삭이고 있더군요. 그러나 당신이 정작 우리의 고향임을 아셨는지요.

추기경님, 2009년 2월 16일. 그해는 유난스레 눈이 많이 내렸습니다. 가난한 사람이 지어준 제의(祭衣)를 수의로 입고, 달랑 나무 묵주 하나만 간직한 채 떠났습니다. 온몸을 모든 이의 밥으로 내어주고도 모자란 듯 "고맙습니다. 서로 사랑하세요"라는 말을 남기고 예수의 모습으로 가셨습니다. 명동에는 수많은 사람들의 기도소리가 강물이 되어 흘렀습니다.

배우 안성기의 내레이션 속에 사랑으로 살다 간 당신의 발자취가 흐르고 있었습니다. 영화를 상영한 저희 본당에 당신의 빛이 어둠을 밀어 내고 있었습니다. 그립습니다. 바보 추기경님!

가을빛 따라

경주, 바다무덤을 지났다. 신라 30대 문무대왕의 무덤이란다. 동해의 호국룡이 되어 신라를 보호하겠다는 문무대왕의 유언에 따라 유골을 모셨다고 전해지는 곳, '대왕암'을 지나 과메기들의 도열을 보며 읍천항으로 들어섰다.

오수에 빠진 듯한 작은 포구엔 빨래처럼 널린 오징어며 갈매기들이 하나의 풍경화를 이루고 있었다. 그 풍경화를 완성시키듯 배들은 침묵이었다. 돌아온 지 얼마 되지 않은 듯 아직은 출항을 서두르지 않는 침묵, 그대로였다. 바다는 막막한 배경이었다. 읍천항은 항구이자 커다란 캔버스였다. 바닷바람에 삭은 집들, 그리고 그것을 에워싸고 있는 벽들은 유화이거나 채색화로 장식되어 발걸음을 잡았다. 일별하며 벽화마을을 지나고 있었다.

이어지는 곳은 파도소릿길이었다. 이미 피명들게 철썩이는 파도소리는 가슴도 무너뜨리고 있었다. 내디디는 발끝에 부서지는 소리로 정작 발끝까지 파도가 온 것 같아 내려다보곤 했다.

소리를 따라가니 거기 기다리고 있는 주상절리(柱狀節理)! 마그마에서 분출한 뜨거운 용암이 차가운 지표면과 접촉하면서 그것이 빠르게 수축하여 용암 표면에 틈(절리)이 생기고 그것이 수직 한 방향으로 발달하여 기둥모양이 되었단다. 바로 주상절리란다. 읍천항의 주상절리는 서 있기도 했지만 경사지거나 누워있는 절리는 물론, 국내외적으로 희귀한 부채꼴 주상절리까지 에메랄드빛 바다에 서서 먼 옛날 화산 활동이 있던 때를 그리고 있었다. 파도만이 읍천항 바닷길을 지나 산길을, 소리 내며 달려가고 있었다.

무엇보다 파도였다. 철썩이는 소리였다. 더구나 국내에서 최초로 발견된 부채꼴 주상절리는 부챗살 하나하나마다 사연을 묻어둔 채 하늘을 받아, 질펀히 누워서 이유 없이 때리고 도망가는 파도를 품었다간 보내곤 했다. 파도에 묻혔다 제 모습을 드러내는 절리들은 세월의 때를 입고 있었다. 절리를 절리답게, 아름답게 감싸 안는 것은 파도였다. 푸른 바다에 누운 조각품을 며 감기는 파도소리에 가을이 너풀대고 있었다. 그 소리를 감아 쥐고 읍천항을 떠났다. 파도소리를 귓전에 담은 채 가을 빛 고

가을빛 따라 · — 119

운 산을 찾아 나섰다.

야트막한 산을 올랐다. 달을 품는다는 경주 함월산(含月山) 자락. 고찰 기림사 가는 길목이었다. 함초롬히 땀에 젖었다. 하늘을 가린 실낱같은 가지의 단풍 든 나무들. 눈이 아려 뜰 수가 없었다. 위로 쳐다보니 눈에 들어온 것은 손바닥만 한 푸른 하늘이었다. 가지는 하늘을 찔러 뚝뚝 푸른 물이 듣게 하고 있었다.

나무들이 돈다. 하늘이 돈다. 팔랑개비를 돌리듯 내가 따라 돈다. 가을이 내린다.

옷 벗은 느티나무다. 잔가지들이 모여 부챗살처럼 하늘을 가린다. 강신재 작가의 「젊은 느티나무」가 생각난다. 소설의 한 구절, '그에게는 언제나 비누 냄새가 난다.'는 말. 욕실에서 갓 나온 듯한 신선함이 얼마나 가슴을 설레게 했던가. 그 비누 냄새만큼이나 가을은, 가을바람은 청량하다.

눈앞을 가로막는 석조 건물, 기림사는 오랜 세월의 옷을 입었다. 경내로 들어섰다. 신라 선덕여왕 12년(643년)에 원효대사가 사찰을 크게 확장하며 임정사이던 것을 기림사로 바꾸어 지금의 사찰이 되었으니 오랜 역사에 버금가게 사찰의 품격 또한 성보(聖寶)이다. 보물 833호로 지정된 대적광전을 비롯, 군데군데 보물 또는 유형문화재로 지정되어 있는 것을 볼 수 있으니 소홀히 넘길 것이 없었다. 특히 신라 말기의 석탑 양식을 보여 주는 삼층석탑은 세월의 이끼를 그대로 지니고 있었다. 채색이 없는 건물들이 다사롭게 다가와 소박한 옛 향기를 그대로 뿜어내고 있었다.

 1400년 전 차와 더불어 창건된 사찰이라는 설화를 증명하듯 약사전의 벽화에는 차를 공양하는 그림이 그려져 있었다. 차(茶) 문화의 산실답게 입구엔 '기림차실(祇林茶室)이 있어 가을 길에 차향을 날려 객들도 취한 듯했다.

 나오며 다시 돌아보니 경내도 온통 가을이었다. 매달린 감들이 부끄러운 듯 흔들리고 단풍은 이미 객혈을 하다 지친 듯했다. 함월산! 산은 만삭이 되었다가 이지러지는 달만 품는 것이 아니었다. 사찰을 품었고 사찰은 지혜롭고 재주 많은 장인들의 넋을 품고 있었다. 거기에 유난스레 가을빛이 쏟아지고 있었다.

 그 속에 서 있는 나도 가을에 물들었고, 가을은 흐르는 계절을 붙들고 있는 내 아쉬움까지도 품어 토닥이고 있었다. 절리를 며 감기고 부지런히 나를 따라온 파도소리까지도 흐드러진 가을빛에 잠겨버렸다.

기다림, 그리고 아쉬움

어떤 일상이든 누리고 있는 한
행복이며 산다는 것은 마련된 것이다

 겨울이 바쁜 걸음으로 오고 있다. 맑은 얼굴로 맞은 아침이 눈부시다. 그런 날은 재래시장은 아니어도 제법 큰 마트에라도 가는 게 제격이다.
 대형마트에 갈 때는 이웃 사람들을 모은다. 혼자 애마(愛馬)를 탈 때의 외로움과 이유를 알 수 없는 미안함 때문이다. 애국자는 아니어도 기름 한 방울 나지 않는 내 나라에 대한 최소한의 예의 같은 감정일지도 모를 일이다.
 네 사람이 H마트로 들어서자마자 눈길을 끈 것은 길게 줄

지어 선 사람들이었다. 그들은 목을 빼고 이리저리 기웃거리며 손가락으로 시간을 재고 있었다. 아직 시간이 이른 모양이었다. 얼른 이것저것 산 연후에 다시 그 자리로 가 보리라 생각하며 빠르게 휘휘 돌아서 가니 줄은 제법 짧아져 있었다.

기웃거려 보았다. '생닭 한 마리에 990원', '한정판매'. 결국 '990원'이라는 가격이 사람들을 정렬시켰고 '한정판매'라는 낱말이 오랜 시간 동안 팽팽한 현(絃)이 되어 그들을 긴장시키며 기다리게 했다. 한정판매라는 것이 수량인지 시간인지는 알 수 없지만 남은 사람은 몇몇밖에 없었다. 이미 막바지를 넘어선 것 같았다.

이럴 때를 그냥 지나쳐 본 적이 없는 터라 마지막 꼬리에 달라붙었다. 그럴 때의 내 모습이 좋다. '사철 발 벗은 아내' 같은 모습으로 헐렁한 바지, 화장기 없는 얼굴, 손질 되지 않은 머리카락을 가리는 벙거지. 편안한 모습이다. 그러나 내심으로는 내게 올 행운만을 기다리는 것이다.

짧아지는 것 같았던 줄이 그 걸음을 멈추었다. 몇 남지 않은 사람들을 건너 바라보았더니 닭이 담겼던 상자는 이미 바닥이 났고 빈 상자들을 거둬들이고 있었다. 한 상자만 더 열 수 없느냐고 애원하는 듯한 눈길에 마음 약한 이가 "에라, 모르겠다. 한 상자 더 풀어버려." 하며 닭을 나누어 주었다. 우리 일행 네 사람 중 두 사람에게만 990원의 감격이 안겨졌다. 내게 온 알몸의 닭. 허전한 눈빛과 벌어진 입이 교차하며 '한정판매'는 끝이 났다.

집으로 돌아온 후에는 무용담 같은 이야기를 들어줄 사람들을 기다렸다. 오후 두 시경이 되면 약속이 없어도 모여들 사람들이었다. 현관엔 그들이 벗어 놓은 신들이 가지런히 누워서 주인을 기다리곤 한다. '225', '235', '250'. 물론 같은 크기의 신발도 있다.

"누가 있어?" 열려 있는 현관문으로 발걸음 소리보다 목소리가 먼저 들어왔다. 벌써 오후의 시작이었다. 커튼이 걷힌 무대 위의 배우들처럼 식탁 의자거나 거실 바닥에 자유롭게 앉았다. 겹겹이 싸여 있는 끝없는 이야기들이 밀려들어온 햇살 속에 실타래처럼 풀려 나왔다.

아들의 실직 소식과 애물단지 같은 자식 이야기며, 또 하루가 다르게 기울어가는 건강에 대한 것들이었다. 나는 그 틈을 헤집고 천 원짜리 닭을 손에 쥘 때까지의 사정을 한껏 부풀려 들려주었다. 어줍은 우스개에 그들은 활짝 웃음을 터뜨리며 시름을 날렸다.

그들은 산다는 것은 마련된 것이며 그저 그렇게 흘러간다는 것을 누구 못지않게 잘 알고 있다. 단지 그들은 늑골을 타고 흐르는 아쉬움을 뱉어내기 위해 이 작은 공간을 찾아오는 것이다. 아름답다. 마음을 풀어놓는 그들이 고맙다. 그러기에 나는 즐겁게 들어주며 수긍하듯 고개를 끄덕인다.

그러다가 베란다에서 반짝이던 햇살이 자취를 감출 다섯 시경이 되자 시계를 흘끔거리며 일어섰다. 내일이면 또 만날 텐데도 멀리 떠나가는 것처럼, 꼭 해야 할 얘기들을 두고 가는 사람들처럼 엉덩이가 무거웠다. 조금 지나자 현관이 휑해졌다.

그렇다. 산다는 것은 기다림의 연속이다. 내가 작은 행운에 마음을 졸였듯 그들은 가슴 속에 서려 있는 아쉬움을 풀어놓기 위해 씻긴 얼굴로 찾아올 새 아침을 기다리며 돌아서 나간 것이다.

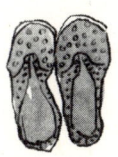

눈 감을 수밖에
- 이득재 선생님께 -

  선생님, 꽃비가 내리네요. 그 사이사이로 자목련이며 철쭉이 눈부십니다. 흐드러진 사월 속을 버스는 달려 '지용문학관'에 도착했습니다.
  제가 사범학교에 입학하여 선생님으로부터 국어수업을 받을 수 있었던 것은 행운이었습니다. 그것은 선생님은 제 문학의 심지에 불을 당겨 늘 타오르게 했고 덤으로 정지용 시인을 만나게 해 주었기 때문이었습니다. 시인의 고향인 옥천, 그 문학관으로 온 것입니다. 몇 번 오기도 했지만 선생님의 부음을 전해 듣고 나서는 처음 방문입니다.

입학하고 얼마 되지 않았던 걸로 기억합니다. 심부름을 시키려고 했던지 잘 기억나지 않지만 선생님 댁에 갔던 날이었습니다. 서재의 작은 창으로 석양이 스며들고 있더군요. 선생님은 서재 서랍의 깊은 곳에서 시집 한 권과 노트 몇 권을 끄집어냈습니다. 그리고는 몰래 암호를 전달하는 사람처럼 책과 노트를 펼쳤습니다.

『지용 시선(詩選)』이라는 시집과 선생님이 손수 베껴 쓴 시, 시조, 수필의 노트였습니다. 월북한 작가들의 작품이라고, 그렇지만 그들은 납북 당했거나 어쩌다 북으로 가게 된 문인들이라고 했습니다. 작품들은 이데올로기와는 아무런 관계가 없고 순수문학이며 특히 정지용의 시는 시의 사전이라고 했습니다. 언젠가 해금될 테지만 아직은 조심스레, 몰래 읽어야 한다는 말씀도 곁들이면서.

첫 장을 장식한 「유리창」에서 제 눈을 멀게 한 형상화된 시어들.

…지우고 보고 지우고 보아도
새까만 밤이 밀려나가고 밀려와 부딪치고
물 먹은 별이, 반짝, **寶石** 처럼 박힌다….

선생님, '물 먹은 별'이라니요? 그때 느꼈습니다. '시인은 눈물을 흘리고 있구나.'

그 감동을 평생 잊지 않고 있습니다. 단숨에 읽으려는 제게 선생님은 집에 가서 천천히 읽고 가져오라고 했습니다.

선생님, 어찌 그 시를 한 번 읽고 말 수가 있었겠습니까. 노트에 25편의 시를 옮겨 적었습니다. 그 떨림을 짐작이나 할 수가 있을까요. 제게 등대 하나가 생긴 셈이었습니다. 언어를 그렇게 다루어야 한다고 생각하게 되었습니다. 뜨락 한 구석, 문학이라는 모종에 정갈한 물을 부어준 격이었습니다. 제 문학은 그렇게 자라기 시작했습니다.

선생님, 그렇게 문학의 불씨를 이어간 저는, 글을 쓴다는 것은 늑골에 흐르는 외로움을 씻어내는 방편임을 알게 되었고, 그 작업으로 인해 세상이 괴롭고 슬픈 것만으로 가득 찬 것이 아니라 아름다움이 지천이라는 사실을 익혀가고 있었습니다. 그리고 글을 쓴다는 것은 삼라만상을 둘러보는 여정이라고 느끼게 되었습니다. 자유로운 여정, 날아다니는 요정처럼 사물을 보고 옮기리라 생각했습니다.

그러나 이것만큼 좋은 게 없다고 생각한 것도 잠시였습니다. 거미가 실을 뽑듯 그렇게 술술 풀려나오지 않을 감성과 언어의 한계가 무서워지기 시작했습니다. 대학을 졸업하고 시화전을 열고 나니 새삼 문학의 길이 암울해지기 시작하더군요. 같은 말의 반복이고, 생각이 갈피가 잡히지 않았고, 언어의 선택이 적확하지도 못했습니다. 선생님께서는 제 상황을 얘기하지도 않고 제 노트를 접어 버렸습니다.

선생님, 그 뒤에 제가 무엇을 한 지 아마 모르실 겁니다. 학교의 연구보고서 쓰기를 꽤 많이 하다가 그나마 개교하는 학교의 교가 가사를 쓰기도 했습니다. 이렇게 실용적인 글과 주어진 조건에 맞는 글을 쓰는 것도 다행이라 생각하게 되었습니다.

그러나 접어버린 노트에 대한 미련이 어찌 없었겠습니까. 목숨줄 같았던 글에 대한 두려움을 덮기 시작하는 갈망이 밤마다 혈관을 흘러내리고 있었습니다. 그러기에 버리지 못한 노트를 펼치고 글을 쓰기 시작했습니다.

유년이 스멀스멀 기어 나오고, 잃었던 날들이 파노라마처럼 펼쳐지기 시작했습니다. 정지용의 시집을 베껴 쓰던 그날의 설렘을 수필 속에 담기 시작했습니다. 정갈해진 마음으로 조심스레 첫걸음마처럼 걷기 시작했습니다.

선생님, '지용문학관'을 찾았습니다. 문학의 꿈을 키워 준 그 시인의 집에.

선생님, 감사합니다. 문학이 위로이며 삶의 길잡이인 것을 알면서도 지금도 도망치고 싶은 제가 여기에 왔습니다. 정지용 시인도, 백방으로 소식을 알고 싶던 선생님도 이 세상 사람이 아님을 알게 된 이 봄날에.

  돌아서며 저는 정지용의 시 '호수'를 읊습니다. 그리고 두렵지만 다시 걷는 제 발걸음에 선생님의 격려가 함께 해 주기를 빌어 봅니다.

    얼굴 하나야
    손바닥 둘로
    폭 가리지만

    보고 싶은 맘
    호수(湖水)만 하니
    눈 감을 수밖에.

사이펀에 내리는 커피

　새벽녘, 성당에서 돌아와서 제일 먼저 하는 일은 알코올램프의 심지에 불을 붙이는 일입니다. 사이펀커피기의 알코올램프지요. 알코올램프 위에서 끓은 물이 올라가서는 가루를 적시고 갈색의 커피를 내릴 때까지는 꽤 많은 시간을 요하기 때문이랍니다. 요정의 춤 같은 그 과정을 보며 아침 식사를 하는 즐거움을 맛보지요. 그리고 기다림을 익힌답니다.
　내려오는 커피 속에는 이야기들이 담겨 있습니다. 에티오피아의 험준한 산악, 이름 모를 열매를 먹고 양떼들이 신나게 뛰어다니는 모습이며 그 모습에 의문을 가진 소년 칼디의 모습도 보입니다. 자기가 모는 양들이 흥분하여 천방지축으로 뛰어 노는 모습을 본 적이 없었을 테니까요. 열매 몇 알을 주머니에

넣은 채 칼디는 마을의 수도승에게 뛰어가 사실을 알렸답니다. 칼디가 발견한 커피콩은 고행의 과정에서 잠과 싸우던 수도승들에게는 구원의 열매이자 '하늘의 선물'이 되었겠지요. 신기한 콩의 발견으로 싱글거리며 이야기를 나누는 그들의 모습이 갈색 액체 속에 어른거립니다.

뿐만 아니라 기억의 저편에서 잠자고 있던 이야기들도 데리고 나옵니다. 단조의 음계 같은 계단을 올라가면 거기에는 '아네모네 마담' 같이 고운 나의 언니가 있었습니다. 언니는 남들이 달갑게 여기지 않는 물장수인 다방을 꾸려나가고 있었지요. 교복을 입고 드나들기가 조금은 부끄러웠지만 그 다방을 잊을 수가 없습니다. 언니가 끓여주는 커피의 맛은 최상이었거든요. 그 생각이 오래 가지는 못했지만.

내게도 어깨를 펴고 다방을 마음대로 드나들 수 있는 때가 찾아왔습니다. 부산의 광복동 거리, '소레이유'라는 다방으로 기억합니다. 불어로 '태양'이라는 뜻을 가진 그 다방은 이름에 걸맞게 햇살이 항상 찰방이고 있었고 유난스레 실내가 밝았습니다. 밝은 탁자 위에서 사이펀커피기로 내려오는 커피를 볼 수 있었던 때의 경이로움과 그 맛을 잊을 수가 없습니다. 씁싸래하고 구수한 맛에 끌려 참 오랫동안 단골이 되어 드나들었지요. 언니의 젊음과 눈물이 섞인 커피의 맛을 잊어 버렸습니다. 쓴

맛! 그것은 커피의 맛이자 언니의 삶이었습니다. 그런데도 그 맛을 잊어버리게 되더군요. 간사할 만큼 말입니다.

알코올램프로 끓여주는 사이펀커피기가 바람처럼 사라지더군요. 한꺼번에 많은 잔의 커피를 뽑을 수 있는 커피기가 등장을 했습니다. 기다림이 몸에 배지 않은 사람들에겐 더할 수 없는 선물이었습니다. 지금은 그것도 참을 수 없어 적당한 양의 커피와 프림과 설탕이 어우러진 일회용이 더 사랑을 받고 있는 셈이지만요. 아쉬움이 가슴에 구멍을 냈습니다.

그런데 이게 웬일입니까. 오랜 세월을 뛰어넘어 아날로그의 그림자가 되어 버린 사이펀커피기가 내게 생겼습니다. 지인의 선물입니다. 커피를 밥 먹듯 하는 내게 가장 적합하다고 생각되었던 모양입니다. 그날부터 알코올을 준비하고는 하루에 한 번 내지 두 번을 연인을 바라보듯 사랑스런 눈으로 커피를 내린답니다. 보글거리며 올라가는 물방울 속에 추억이 있고 커피 열매가 자라던 들판이 펼쳐져 있습니다. 그것보다는 기다림을 익히는 내가 있습니다. 그리고 꿈이 있습니다.

사이펀으로 내리는 커피를 파는 작은 가게를 갖고 싶은 꿈입니다. 추억 속의 책들을 꽂아 두고, 통나무집에 온통 커피 냄새가 배도록 커피를 왼종일 내리고 싶습니다. 그리고 사계를 물들일 음악도 함께. 턱을 괴고 기다릴 줄 아는 사람들이 들러서는 목을 축이며 향수에 젖겠지요. 그들과 나는 하나가 될 것입니다. 말없이 가슴을 나눌 것입니다. 그런 집을 갖는 꿈을 꿉니다.

허황된 꿈이라고요? 김동인의 「무지개」라는 짧은 소설을 아시지요? 꿈이 헛되었다고 생각하고는 꿈을 버렸을 때 소년은 백발의 할아버지가 되었다는 내용의 소설을. 꿈이 삶의 원동력임을 어찌 부인하겠습니까.

드디어 자메이카 블루마운틴의 커피가 목젖을 적셔 줄 준비를 끝내었군요. 그렇게 현악의 부드러운 선율처럼 내려오는 커피는 꿈이며 기다림입니다. 잊어버리고 살았던 언니의 눈물까지도 생각나게 하는 추억의 물결입니다. 참, 빠뜨렸네요. 그리고 꿈을 되살려 준 지인의 우정입니다.

섬, 그 꿈의 나라

프롤로그

 통영 미륵산 정상, 훈데르트 바서의 친환경적인 건축물이 연상되는 클럽 ES리조트에서 하룻밤을 꿈처럼 보냈다. 눈 비비며 창문을 여니 아침안개가 긴 옷자락으로 바다를 가리고 있었고 대궁이가 잘려 나간 대나무들이 아우성을 삼키고 있었다. 모두가 조용했다. 바다도 집도 하늘도. 외면하듯 뒤로하고 욕지도(欲知島)로 가기 위해 삼덕항으로 향했다. 가는 길섶엔 동백나무가 지천이었다. 자르르 윤기 흐르는 반지레한 잎사귀, 봄을 기다리는 몸짓은 설렘이었다. 알고 싶은 만큼 보이고, 보는 만큼 가슴에 안을 수 있으리라 생각하며 나선 길이었다. 어떤 섬이냐고 물었을 때 "그냥 바다이며 섬일 뿐이지요. 그러나 태양 아래 반짝이는 쪽빛 바다는 가슴을 뛰게 할 것입니다."라고 했으니….
그 한마디에 생겨난 열망, 무작정 떠난 길이었다.

여객선에서의 스케치

　영동해운, 욕지 영동고속 여객선에는 많은 젊은이들이 토요일을 누비고 있다. 이주 노동자들도 낯선 풍정에 흥분된 듯 상기된 얼굴이다. 한 시간 남짓 가는 동안 무엇을 할 것인가가 준비된 사람들 같다. 충무김밥을 빼놓을 수가 없지. '원조 충무김밥'에서 별별 충무김밥이 탁자 위에 다 놓인다. 입이 터져라, 볼이 미어지도록 먹는 사람, 연인끼리 앉아 서로 먹여 주는 모습은 한마디로 정겨움이다. 손자의 재롱에 시름 잊고 바닷바람에 몸을 맡긴 할아버지의 모습은 사랑이다. 화투판을 벌인 사람들도 있고 7, 8개월쯤 됨 직한 아가를 데리고 온 젊은 부부는 아가의 모습을 카메라에 담느라 옆 사람은 안중에도 없다. 물살을 가르는 배의 모습을 찍느라 앵글을 돌리는 사람들도 분주하다.

　배는 뱃길을 따라 흐른다. 파도조차 숨을 죽인다. 서로 김밥을 입에 넣어 주던 연인이 눈에 띈다. 남자의 손이 여자의 어깨를 두른다. 살아가는 데 날을 세운 파도를 만나지 않기를 기원하듯 두 사람은 '사랑'이라는 감정이 영원하기를 바라고 있다.

욕지도 일주

경남 통영시 욕지면. 한려수도의 끝자락에 흩어진 39개의 섬을 아우르며 통영항에서 뱃길로 32km 떨어진 곳에 욕지도는 자리하고 있다. 1천여 가구가 살고 있어 꽤 큰 섬이지만 구경거리가 있다거나 이름난 곳이 없어 그리 크게 알려진 곳은 아니다. 그러나 무작정 떠나고 싶을 때, 마음을 풀어 놓고 쉬고 싶을 때 이만한 곳이 있을까라고 찾아온 사람들은 입을 모아 얘기한단다.

욕지항에 다다랐을 때 가장 눈길을 끈 것은 양식장이었다. 그들의 삶의 터전이었다. 그리고 비탈진 산에는 고구마 순이 욕지도의 명물로 자라고 있었다.

여객선 터미널에서 시작한 일주도로, 도보로 욕지도의 속살까지도 헤집고 싶었지만 그러질 못하고 승용차에 몸을 맡겼다. 출발하자마자 '흰작살해수욕장'이라는 팻말이 나왔다. 팻말과 반대방향을 택해 산으로 내달았다. '푸른 작살길'이다. 작살나무가 많은 탓인지 해수욕장이며 길의 이름 또한 작살이었다. 차는 바람을 가르며 산으로 난 일주도로를 따라 달렸다. 얼른 얼른 눈에 비치는 사스레피나무와 때죽나무가 반가웠다. 종려나무는 지난겨울의 혹한으로 팔을 내려뜨리고 있었다. 그러나 언젠가는 하늘 향해 팔을 뻗으리라. 한참을 달려 쉼터에 이르렀다.

아! 저 빛깔이다. 쪽빛이다. 온몸에 푸름이 흐른다. 옷에 물이 든다. 에메랄드빛의 아드리아해에 마음을 빼앗겨 돌아갈 길을 모르던 그때의 그 빛깔이다. 더 무엇을 바라랴. 억겁의 인연처럼 줄지어 만났다 헤어지는 수많은 섬들. 두미도, 거치리도, 거북섬, 사량도, 상노대도, 하노대도, 사이도, 모도, 소봉도…. 흐르는 안개. 반짝이는 물결은 잃어버린 내 젊은 날의 시간들이다. 멀리 바라보이는 섬 자락이 안개에 묻혀 베일에 싸인 여인의 모습처럼 고혹적이다.

바다는 얌전한 아이처럼 말이 없고 풍경은 소박하다. 바다낚시를 하는 사람들도 조는 듯 작은 배는 요동도 하지 않는다. 여유로움이다. 위안이다. 가슴 끓는 사람들이 와서는 마음을 다스려 떠날 수 있는 곳이다. 가슴이 트인다. 눈이 밝아진다.

에필로그

쟝 그로니에의 '섬'을 생각하며 욕지도를 떠나왔다. '가장 예기치 않은 순간에 보이는 꽃들아, 해초들아, 시체들아, 잠든 갈매기들아, 뱃머리에 갈라지는 그대들아, 아, 내 행운의 섬들아! 아침의 예기치 않은 놀라움들아, 저녁의 희망들아 - 나는 그대들을 이따금씩 보게 되려는가. 오직 그대들만이 나를 나 자신으로부터 해방시켜준다.'

소리, 그 흐름을 따라

　계절이 바뀜을 시각으로 알까, 청각으로 알까. 계절은 철따라 짙어지거나 엷어지는 색깔을 드러내며 눈 아린 빛으로 올까, 가슴 설레는 풍광으로 올까, 귀 기울여야 건져 올릴 수 있는 소리로 올까.
　대부분의 사람들이 계절의 변화를 '보는 것'으로 안다고 한다. '봄'이라는 계절은 그 어원을 정확히 알 수 없지만 '보다'라는 동사에서 왔다고도 하는 말이 틀리지 않는 듯 눈부시다. 또 짙어가는 초록은 여름을 예감하게 하고, 토실하게 여물어가는 열매며 색 바래는 나뭇잎은 가을이 데리고 오는 선물이다. 버석거리는 낙엽에 발목이 빠지고 온기를 잃은 삭정이들이 눈에 띄기 시작하면 이미 겨울의 문턱이다.

 다시 돌아오는 봄. 봄비 속에 움트기 시작하는 새순은 봄을 예고하고 는개가 지나면 봄처녀의 젖가슴 같은 실한 꽃망울은 봄이 천지에 너울댐을 알린다. 그러나 이 여린 자연이 펼쳐지기 이전에 들려오는 소리가 나를 이끈다. 봄이 오는 소리다. 눈으로 보는 것보다 더 이르게 가슴에 스며들며 전령사처럼 찾아오는 소리들이다.

 소리를 가득 담고 싶었다. 내 방 앞을 지키고 있는 목련의 겨울눈은 아직 때깔조차 벗지 못했는데 땅 끝에서 물오르는 소리가 밤 내내 귓전을 울리기에 찾아 나선 곳이 대숲이 우거지고 동백이 병풍처럼 둘러친 화엄사였다.

 화엄사는 백제 성왕 때 창건되어 신라, 고려시대를 지나고 배불숭유정책(排佛崇儒政策)의 조선시대에도 굽히지 않고 고승들의 요람으로 굳건히 자리한 절이다. 뿐만 아니라 화엄사는 조선시대에 승병을 조직하여 왜군에 맞서 싸웠다 하여 이에 분노한 왜장 가등청청에 의해 전소되었단다. 그 뒤 인조 때부터 중건하기 시작하여 근대에 이르러 제 모습을 갖춘 절이기도 하다. 또한 부처님의 진신사리 73과가 봉안되어 있는 적멸보궁도 함께 있다. 김동리 선생의 「수목송」에서도 알 수 있듯 각황전의 기둥은 천 년이 넘는 나무를 자르지 않은 채 그대로 사용하여 보는 사람들에게 놀람과 기쁨을 함께 주고 있다.

그러나 내가 화엄사를 찾은 이유는 이 절이 단순히 이름 있는 사찰로 회자되기 때문만이 아니었다. 화엄사를 둘러싸고 있는 대숲의 노래와 겨울을 보내고 봄을 데리고 오는 계곡의 물소리, 그리고 사람들 눈에 숨은 듯 둘러친 동백나무에 찾아오는 동박새의 울음을 들을 수 있는 곳이기 때문이었다. 가슴에 물살 짓는 그리움 같은 것을 지울 수 없었다.

대숲을 지났다. 어릴 적 어머니의 치맛자락을 붙잡고 절집으로 오르던 생각이 떠올랐다. 한겨울 대숲에서는 귀신 우는 소리가 났다. 대숲에서는 낮이나 밤이나 음험한 귀신소리가 났다. 그러나 이날의 소리는 달랐다. '쏴쏴' 약간은 차게 뺨을 간질이며 내는 소리는 봄의 전령이었다. 가슴이 시원해왔다. 저 소리를 위해 대숲은 오랜 기간 모진 추위를 견디어 냈을 것이다. 대숲의 소리에 섞여 동박새 울음이 찌이찌이 들려온다. 동백꽃 피기를 기다리는 소리다.

절 앞에 서 있는 배롱나무의 미끈한 자태에 눈이 머물렀다. 아직은 앙상하다. 몸통을 손으로 쓰다듬었다. 간지럽다는 듯이 잔가지들이 정신없이 흔들리며 낄낄거리며 웃는 소리가 난다.

봄이 오리라는 희망에 넘치는 웃음이다. 역시 배롱나무는 간지럼나무에 틀림없다. 간지럼을 태우면 참지 못하는, 꽃이 없어도 흔들리며 웃는 귀여운 자태를 보았는가. 그들만의 소리를 들어 보았는가.

우람한 기둥의 각황전을 지나 구층암(九層庵) 앞에 섰다. 자연 그대로였다. 3층 석탑이 그러하고 모과나무를 손질하지 않고 그대로 사용한 기둥이 그러했다. 스님의 안내로 방으로 들어섰다. 차 향내가 은은했다. 요사채 뒤에 둘러서 있는 대숲 아래서 자란다는 야생차를 우려내는 냄새였다. 대나무 아래서 이슬을 먹고 자란다고 해서 스님이 붙인 이름이 죽로야생차(竹露野生茶)란다. 대나무에서 떨어지는 한 방울의 이슬에 목 축이는 야생차의 자르르한 웃음소리를 들어본 적이 있는가. 웃음이 다기(茶器) 속에 잠겼다. 손수 쪄서 발효시킨 차라고 설명했다. 작은 다기에 차를 따르는 스님의 손이 고왔다. 그때 밖에서 나는 풍경소리가 다기 속에서 파문을 일으키고 내 마음 속에도 긴 여운으로 물살이 번져 나갔다.

차를 마신 낯선 사람들이 "스님, 잘 마셨습니다."라고 인사하며 엉덩이만 스님께 보여 드리고 앞서거니 뒤서거니 밖으로 빠져 나갔다. "허, 참 이것 혼자서는 다 씻기 어려운데…."했다.

"스님, 제가 씻어 드릴게요." 빠져 나가지 못하는 내가 스님의 일을 대신하겠다고 나섰다. 뜨거운 물과 대나무 집게, 그리고 행주. 대나무 우듬지에 앉았다 가는 바람소리를 듣고 풍경소리를 안았다. 그리고 계절이 오는 소리에 귀를 기울였다. 소리의 색깔은 오묘함이었다. 소리에 취해 제법 많은 다기를 지루한 줄 모르고 정갈히 정리했다. 스님의 선물은, 귀하다고 하는 '죽로야생차' 한 봉이었고 더 큰 선물은 '감격'이었다.

밖으로 나와 계곡 물소리가 나는 곳으로 발길을 옮겼다. 바로 구층암 아래였다. 얼음장 밑에서 겨우 숨을 쉬며 졸졸거리던 냇물이 얼음장을 밀어내고 제법 호기 있게 내리달리는 봄소리였다. 그래, 저 소리다. 그 소리가 좋다. 오는 봄을 맛본다. 혼자만이 느끼는 감정인 양 어깨춤으로 흥겨움을 뿜어본다.

구층암에서 내려가는 계곡 입구에 '천연기념물 485호', '수령 450년 추정'이라고 적혀 있는 '화엄사 매화'를 보았다. 사람이나 동물들이 뱉은 씨앗이 저절로 우람한 토종 매화로 자랐단다. 화엄사 돌매화가 자양분을 길어 올리고 있나 보다, 단아한 기품과 짙은 향내를 퍼뜨릴 꽃을 위해. 나무를 보니 틀어지고 벗겨져 있다. 물이며 자양분을 길어 올리기 위해 안간힘을 쓰고 있는 생명의 소리를 듣는다.

만물이 요동하는 소리다. 내 의식의 밑바닥에서 숨죽여 있던 소리들도 깨어 일어난다. 내면에서 들려오는 소리를 듣는다. 화려하게 눈부신, 만개한 꽃들이 사람의 가슴을 찡하게 만든다면 그것을 위해 부지런히 역사(役事)하는 기간은 눈물겨운 감동이다. 그것은 가슴으로 가늠하고 귓가를 스치는 바람소리로 느낄 수 있다. 소리의 흐름이며 소리의 향연이다. 새로운 탄생을 위해 아우성치는 위대한 자연의 소리에 나를 잊은 채 산을 내려왔다.

수렛골로 띄우는 편지

  복사꽃이 눈시울이 붉도록 떨어진다며 초대해 주던 때가 4월 끝자락이었습니다. 전자메일로 온 초대장에는 이형기 시인의 '낙화'가 모니터 위에서 하롱거리며 꽃잎처럼 내려오고 있었습니다. 그런데 그 봄도, 열사(熱砂)의 여름도, 돌아가는 가을도 저물어 버린 날에야 수렛골을 찾아가게 되었군요.
  처음 만남이었습니다. 서로의 작품집을 답신처럼 주고받은 후 먼저 길을 튼 것은 저였습니다. 산자락에 하나의 풍경이 되기를 원하는 당신 곁에 또 하나의 풍경으로 서 있고 싶은 까닭이었을까요?
  며칠 전 목소리라도 먼저 듣자며 전선을 타고 온 울림은 소녀더군요. 쬐끄만 산골 노인이다, 편한 신발 신어라, 너무 고운 옷 입지마라며 서울은 울렁증 나는 곳이라고, 서울에서 내려가는 제게 귀띔하듯 얘기했지요.

수묵화 같은 옷밖에 없는, 이미 무릎은 제 기능을 잃어 편한 신발 중에서도 무릎 보호의 깔창까지 하고 다니는 제게는 슬픈 요구였습니다. 더구나 사람 사귐에는 영 시원찮은 제가 이런 나들이를 하겠다고 생각한 것부터가 놀라운데 말입니다. 외출할 때 편하게 입는 옷에다 늘 신는 신발 그대로 떠나기로 한 뒤였습니다.

부담 없는 선물을 생각했습니다. 겨우 생각한 것이 김 한 톳, '매일미사' 책 덧씌우는 표지, 어둔 눈 밝혀 만든 팔찌 묵주가 전부였습니다. 그것이 제 한계이기도 하니까요. 그리고는 바랑 같은 큰 가방에 카메라 한 대도 함께 넣고 떠났습니다. 아니, 만난다는 설렘을 가방 가득 담았습니다.

마중 나온 마을머리에서 우린 만났지요, 한눈에 알아보며. 고운 모습이 제게 오더군요. 반갑다며 서로 포옹했을 때 그 따뜻함이라뇨. 제가 생각했던 그대로였습니다. 바람을 가르며 수렛골에 도착했을 때 집을 지키던 두 마리 개는 손님이 왔음을 동네에 방송이라도 하듯 한참을 짖어댔습니다. 차려진 아침 밥상은 정갈했고 자연이 그대로 숨 쉬고 있었습니다. 단지 자연의 순리만 믿고 사는 저를 위해 차려진 밥상이었습니다. 한 그릇이면 하루가 족한 제가 세 끼의 분량을 한 번에 먹어 치우고도 몸은 가볍기만 했습니다.

 그런 후, 산을 한 바퀴 돌자며 대나무 지팡이를 손에 쥐어 주었을 때의 감촉까지도 저는 기억하게 되네요. 산은 겨울이었습니다. 털을 가는 짐승처럼 소나무며 잣나무 잎새들이 떨어져 갈색 융단을 만들어 놓고 영접하고 있었습니다. 작은 짐승들이 전초병처럼 지나간 흔적이 곳곳에 남아 있었습니다.

 아, 우리들의 합일점이 거기에 있었습니다. 하늘에 닿아 있는 듯한 소나무였습니다. 잘 생긴 리기다소나무였습니다. 어쩌면 그리도 잘 빠졌던지. 거기에 등을 대고, 그리고 가슴을 대고 우린 심장을 쏟아내듯 소리를 질렀습니다. 어느 남정네가 이렇게 따뜻하게 보듬어 줄 수 있느냐고. 이렇게 눈물 나게 따순 입김으로 위로해 줄 수 있느냐고. 자연이 주는 위안을 둘 다 잘 알고 있기에 이런 만남이 이루어졌음을 그때서야 알게 되었습니다.

 그렇습니다. 밤마다 한 송이 들꽃이 되기를, 들꽃 위에 내려앉는 이슬이 되기를 갈망하는 제가, 드르누운 솔가리 속에 숨쉬고 있는 들꽃을 보며 얼마나 기특해 했는데요. 봄이 오면 그놈들이 비비대며 올라오는 모습을 보러 다시 수렛골을 찾을지도 모르겠습니다. 자연에 비하면 한낱 점에 불과한 우리들은 이미 산 속 풍경에 점 둘을 보태었지요.

청량한 공기를 한껏 마신 후 군불 땐 방에서 목젖으로 넘긴 목련차의 은은한 향이 제 방까지 따라왔습니다. 뜨끈하게 등을 지지고 하룻밤 묵고 가라고 했지요. 그러나 일상사의 자잘한 일들에 묶여 있는 저는 활활 타오를 군불도, 진액의 우정도 외면한 채 돌아올 수밖에 없었습니다. 아쉬워하는 저를 찻잔 속에 빠졌던 풍경소리가 따라와서 귓가에서 댕그랑거리고 있습니다. 수채화 같은 필름들입니다.

문학의 힘이, 글의 힘이 더할 수 없는 힘을 가지고 있지만 그것보다 더 큰 힘은 서로의 살갗 비빔임을 알았습니다. 당신의 진정어린 글보다 앙상하나 강단 있는 손에서 느껴지던 따뜻한 삶이었습니다.

그런 당신이기에 서울나들이를 한다면 살갑게 집으로 초대해서 "먹고 가라, 묵고 가라"는 해야 하지만 그 소리를 목구멍 밖으로 쏟기는 어렵답니다. 손바닥만한 방에 둘러싸인 책장이며 작은 오디오, 컴퓨터, 옷 나부랭이를 넣는 옷장 하나, 보관하기도 힘들어 온종일 방바닥을 지키는 이부자리를 제한 나머지 공간이 제가 누울 수 있는 자리이니. 묵었다 가라면 빈말이지요. 그러나 그 방도 마다않는다면, 제 잠버릇도 용서한다면 도회의 밤을 함께 누릴 것입니다.

수채화 깊은 수렛골에서의 호사스러웠던 하루를 잊지 못합니다. 막대 지팡이를 건넬 때의 체온도, 떨림도. 환하게 웃는 모습이 고운 사람으로 기억할 것입니다. 헤어질 때 건네준 사과 상자에 담긴 따뜻한 마음도 가슴에 품을게요. 공유했던 하루는 '사철 발 벗은 아내'같은 그 모습 그대로를 사랑하는 우리들이 꾸린 시간이었습니다. 아픔 같은 것은 젖혀 두고 모른 체 했지요.

댓잎의 노래가 서재 밖에서 서성이고 솔향이 스며드는 저물녘이면 울렁중 일으키는 서울 하늘 아래의 저를 떠올려 주시겠습니까. 무사히 하루의 막을 내렸음에 감사드리는 저를 헤아려 주시겠습니까. 당신을 초대하지 못하는 아픈 마음까지도 품어주세요.

그리고 평안하소서.

죽비소리
- 법정스님에게 -

　스님의 생활이 담긴 「법정스님의 의자」라는 영화는 송광사에서 거행된 다비식으로 시작되었습니다. 즐겨 입으시던 가사(袈裟) 덮인 법체가 장작 속에서 이승과의 마지막 결별을 고하며 이글거리는 불꽃 속에서 '타닥타닥' 소리를 내더군요. 그 소리는 죽비가 되어 '맑고 향기롭게!' 하면서 가슴을 치는 소리로 들렸습니다.
　30년 전에 쓴 「미리 쓰는 유서」에서 '평소의 식탁처럼 나는 간단명료한 것을 따르고자 한다. 내게 무덤이라도 있게 된다면 그 차가운 빗돌 대신 어느 여름 날 아침에 좋아하게 된 양귀비꽃이나 모란을 심어 달라고 하겠지만 무덤도 없을 테니 그런

수고는 끼치지 않을 것이다.'라고 하던 정갈한 모습 그대로더군요. 무소유(無所有)로 살다 의자 하나 내어 주고 무소유로 떠난 스님의 생애 그대로였습니다.

홀어머니의 외아들이었으나 숙부와 사촌 동생에게 어머니를 부탁하고, 통영의 미래사(彌來寺)로 들어가 아집과 교만, 그리고 세속과의 인연을 끊었던 때가 대학 3학년 때더군요. 스님, 스승인 효봉스님과 어찌 그리 같은 분이었습니까. 일본의 와세다대학 법학부를 졸업하고 조선인 최초의 판사가 되었던 분, 판사 10년에 민족투사에게 사형선고를 내릴 수밖에 없게 되자 허망한 삶에 회의를 느껴 출가한 분, 그리고 3년간 엿장수를 하며 전국을 방랑하다 금강산 신계사로 들어가 삭발한 분. 이런 분과 인연이 맺어졌으니 어찌 영향을 받지 않았겠습니까.

참나무 장작개비로 손수 만든 의자며 '1967. 12. 3'이라는 날짜가 새겨진 놋대야, 빨랫줄에 걸려 있던 빛바랜 옷들은 청빈으로 인도했던 효봉스님의 가르침 그대로였습니다. 공양 시간에 늦었다고 호되게 야단을 듣고 참회하는 마음으로 마당을 쓸고 들어왔을 때 엄하기만 한 스승은 말없이 국수 한 그릇을 건네더군요. 스승의 깊은 배려가 가슴에 차올랐겠지요. 그러기에 불가에서는 국수를 스님의 미소, 승소(僧笑)라고 하나 봅니다. 도를 깨치지 못한 자신이 어떻게 제자를 받아들일 수 있겠느냐

하시더니 쉰셋이 되어서야 제자를 받아들였으니 그 깐깐함도 청빈에서 온 것인지요? 그리고 제자들에겐 중이 출가할 때보다 체중이 더 나가면 공양한 돈을 헤프게, 또 배불리 먹은 결과라며 경계하게 하던 모습은 바로 그 스승에 그 제자였습니다.

스님은 버리기와 나눔을 그대로 실천한 분이었습니다. 얻었으면 주어야 한다고 불자들에게 이야기하며 기도의 공덕을 모든 사람들에게 돌려야 한다는 회향(廻向)의 정신을 강조하더군요. 그때 가톨릭 신자인 저는 나눔이란 주고받음이 아니라 타인에게 돌려주는 가톨릭 정신과도 일맥상통할 뿐 아니라 사람살이의 정도(正道)임을 느꼈답니다. 가치 있는 삶이란 의미를 채우는 삶이라고 하시며 욕망을 버리는 삶을 강조하시더군요. 그러나 단지 버릴 수 없는 것은 아름다움을 추구하는 마음이라고 하셨습니다. 아름다움이란 가장 단순하고 절제된 것이기에 버릴 수 없다고 하셨습니다. 그 이유에 제 마음이 떨리더군요.

또한 나눔을 곳곳에서 연꽃처럼 피워내더군요. 책을 낸 후에는 어찌나 인세를 독촉하던지 샘터사 김성구 사장은 '중이 뭐 저리 돈을 밝히나'라고 생각했는데 나중에 알고 보니 가난한 대학생들의 등록금을 기한 내에 내기 위함이더라고 웃으며 술회했습니다.

스님, 유년을 한집에서 같은 방을 쓰며 친형제처럼 지내던 사촌동생, 수광(壽光) 박성직 선생을 아시지요? 스님이 출가한 뒤 청년 시절을 많이 방황했다고 했습니다. 그때 스님이 15년 동안(1955~1970)이나 격려의 편지를 보내 주었기에 그것이 위안이었고 희망이 되어 마음을 다스릴 수 있었다고 했습니다. 그러기에 자신처럼 방황하는 젊은이들에게 물려주고 싶어 그 편지글을 엮어 『마음하는 아우야』라는 책으로 펴냈다고 했습니다. 그러나 속가의 인척들에게는 더할 수 없이 차고 인색했다고 회고했습니다. 그만큼 스스로에게도 혹독하게 속세와 인연을 끊기 위함이었다고 덧붙이더군요.

그런데도 도(道)의 길에 이르지 못했다는 생각이 들던가요? 1975년부터 18년 간 거처하던 송광사 뒷산의 불임암을 홀연히 떠나 강원도 오대산 산골로 들어가셨으니…. 거처하던 화전민터 산자락의 오두막 '수류산방(水流山房)'에는 '나 있다'라는 표지와 해우소에는 '기도하기'라는 글자가 씌어 있어 스님이 철저히 혼자였음을 알 수 있었습니다. 화면에 흘러내리던,

　"…소리에 놀라지 않는 사자와 같이

　진흙에 물들지 않는 연꽃과 같이

　그물에 걸리지 않는 바람과 같이

　무소의 뿔처럼 혼자서 가라…"는 '숫타니파타에서'에서 인용된 글처럼.

스님, 죽음을 예감하고 계셨죠? 폐암으로 고통스러워하면서도 밤의 고요를 즐길 수 있게 해 준 기침에 감사하고 계시더군요. 깨어 있되 드러나지 않기를 바라던 스님, 세상에 진 말빚을 갚고 가지 못함이 그리도 안타깝던가요? 전설처럼 내려오는 고승들의 죽음인 천화(遷化)를 생각하셨기에 산으로 들어가신 것은 아니었겠죠? 아무도 다니지 않는 산속으로 정처 없이 들어가다 힘이 다하여 죽음 직전에 이르면 나뭇잎 긁어 자리 만들고 한 자락 이불처럼 덮고 하직하는 죽음을요. 스님의 성품으로 볼 때 누구에게도 폐를 끼치지 않고 한 줌 흙이 되기를 바라셨겠죠.

스님, 2009년 시주 받아 닦아 놓은 길상사 봄 법회에서 "봄날은 갑니다. 다하지 못한 말, 새로 돋아나는 잎과 꽃의 침묵의 언어로부터 들어주기 바랍니다"라고 끝을 맺어 자연이 주는 섭리를 터득해야 함을 은연중에 알려 주시더군요.

책과 한 모금의 차, 트랜지스터라디오, 작은 채마밭만을 남기고 '중답게' 살다가 세상을 떠났다고 많은 사람들이 회고했습니다. 올곧게 사셨다는 말이겠지요. 모두를 버렸기에 가벼운 마음으로 떠나가신 스님, 매화꽃 아래 스님의 첫 작품인 의자만이 꽃비를 맞고 있었습니다. '답게 산다'는 말이 얼마나 어려운 과제인가를 생각합니다. 스님의 생활이, 주옥같은 글과 말씀이 죽비가 되어 따갑게 가슴을 칩니다. 인간답게 살아야 한다고…

한 달

　미용실을 들어서는 순간, 주황색 장미가 그 꽃말대로 수줍게 피어 있었다. 아니, 수줍게 첫사랑을 고백하고 있었다. 다시 보니 스타일리스트라고 불리는 이들의 웃옷이었다. 그 미용실에는 꽤 많은 이들이 일을 하고 있고 머리를 매만지러 오는 손님들도 많은 편이다. 분주히 왔다 갔다 하는 주황색 티셔츠들의 강렬한 색상으로 인해 내게 흔들리는 꽃잎으로 다가왔던 것이었다.

　자리에 앉았다. 놀랍게도 그 꽃잎 같은 티셔츠는 모두 다른 모양이었다. 등에 새겨진 '30주년'이라는 글자만 같았다. 의아해하는 내게 머리를 만지던 K는 웃으며 말해 주었다. "한 달 동안 30주년을 기념하는 티셔츠를 입으라고 했지만 한 달은 너무 길어요."

한 달! 그들에게 개성도, 골라 입을 수 있는 자유도 없는 한 달은 너무 길었다. 참을 수 없어 티셔츠의 소매를 아예 잘라 민소매로 만들기도, 가슴을 길게 패이게 하기도, 옷에 구멍을 내기도 했다. 장식을 붙이기도 했고 티셔츠의 아래를 사선으로 잘라 버린 이도 있었다. 소매 끝을 톱니처럼 개조한 이도 있었다. 치마나 바지가 검정이지만 그 검정의 모양은 물론 모두 달랐다. 알락달락한 주름치마를 입은 이는 검정의 양말을 신고 있었다. K는 말했다. 티셔츠를 두 장씩 주었는데 자기도 그중 하나는 고쳤다고. 다시 보니 같은 것이라고는 태양 같은 강렬한 색상과 뒤의 '30주년'이라는 글자뿐이었다.

한 달의 구속(?)이었다. 그것도 근무하는 시간에만 국한된 것이었지만 그들에겐 기막히게 긴 시간이었기에 손님의 모발만을 디자인한 것이 아니었다. 그들에게 주어진 자유, 옷을 고칠 수 있는 자유를 디자인한 것이었다.

젊은 날의 나를 생각했다. 불면과 우울로 3년간 병원을 들락날락했다. 내게 주어진 종이 한 장에 그렸던 그림은 훌훌 벗은 나목의 숲이었고 창밖을 쳐다보는 긴 생머리의 초상이었다. 나목은 키가 작았고 백지의 윗부분은 휑하니 비어 있었다. 훨훨 날아다니며 자유를 즐기는 새를 하염없이 바라보고 있는 내가 거기에 있었다.

자유롭고 싶었다. 아무도 나를 구속하지 않는데도 항상 올가미에 묶인 사람처럼 답답했다. 그러나 살아오면서 터득할 수 있었던 것은 자유란 수호하는 능력이 있어야 한다는 것이었다. 자유도 성장하며 마음을 풀어 놓아야 만끽할 수 있다는 사실도 깨닫게 되었다. 나는 자유를 열망하면서도 스스로를 옭죄고 있었고 여유롭게 자신을 시간의 흐름 속에 가볍게 놓아두질 못했다. 매일 자신을 담금질했으며 끝장을 보고야 말 사람처럼 처절하게 자신을 외로움 속에 빠뜨리기도 했다. 그러니 어찌 주어진 자유를 누릴 수 있었겠는가.

신은 인간을 창조할 때부터 자유를 부여해 주었다. 그 다음의 요리는 스스로의 몫이었다. 그러나 나이에 테를 더하면서 자유라는 것은 내가 가지고 있는 만큼 타인도 가지고 있음을, 그리고 존중되어야함을 터득해갔다. 더 많이 자유로워지기 위해서는 홀가분하게 누릴 수 있는 마음의 여유가 있어야 함을 느끼게 되었다.

'한 달'이라는 사슬 속에서도 돌파구를 찾아내어 타인에게 즐거움을 주고 유쾌하게 시간의 흐름을 바라볼 수 있는 그들은 분명 자유를 즐길 줄 아는 사람들이었고 주어진 자유를 지킬 줄 아는 사람들이었다. 새로운 머리 모양으로 나서는 나는 오랜만에 한껏 가벼워진 채 자유인의 모습으로 활기차게 걸었다.

통 속에서

  병원으로 가는 길은 폭염으로 뒤덮여 있었다. 무방비로 나왔더니 눈을 뜰 수조차 없었다. 지나는 길, 대학로의 마로니에 공원은 앞에다 가리개처럼 임시 벽을 만들어 두었고 '재정비 중'이라는 안내까지 붙었다.

  마로니에가 잃어버린 낭만과 추억과 해후를 가져다주기를 바라는 마음으로 학림다방을 흘깃거리며 발걸음을 재촉했다. '재정비'라는 말이 나를 따라오고 있었다. 그렇다. 나도 재정비를 위해 병원으로 가는 것이라 믿기로 했다.

  MRI 촬영을 위해 의례적인 문진에 대한 대답과 조영제 주사를 맞을 준비를 마친 후 촬영실로 들어섰다. 속으로는 힘을 빼자, 내가 믿는 주님께 나를 맡기자고 수없이 다짐하지만 소음을 피하기 위해 귀를 막고 통 속으로 들어가는 순간, 가슴이 마구 뛰었다. 그러나 거대한 짐승의 입속 같은 촬영기에 나를 맡길 수밖에 없었다.

종양은 어떤 모습으로 나를 내려다보고 있는 것일까.

10년 전이었다. 심한 두통으로 병원을 찾은 나에게 의사가 보여 준 사진은 눈동자처럼 둥그런 모양을 한 종양이었다. 의사는 수술은 일장일단이 있으니 수술여부를 환자에게 맡기겠다고 했다. 단호히 거절했다. 의식이 있는 날들을 보내고 싶었기 때문이었다. 일장일단(一長一短) 중에서 정상적인 사고 능력을 기대할 수 없을지도 모른다는 일단(一短)이 나를 걸고 넘어졌던 것이다. 의식이 있는 생활, 내가 꾸려 놓은 생활을 향유할 수 있기를 바라기 때문이었다. 그러고 나서 10년의 세월이니 그들과 나는 10년을 동고동락한 셈이다. 그동안 종양은 느린 걸음으로 제 영역을 넓히며 나를 따라다녔다. 능구렁이 같은 녀석이다.

"기찻길 옆 오막살이 아기아기 잘도 잔다."라는 동요가 생각날 만큼, 항상 그러하듯 통속은 기차 소리로 요란했다. 나를 데리고 어디로 가는 것일까. 철썩이는 고향 바다를 향해서 가고 있나 보다. 달맞잇길을 지나 피멍 든 바다를 향해 신나게 달리는 기차 속. 내 몸도, 영혼도 바람이 햇살에 제 몸을 씻듯 헹궈지고 있었다.

통 속에서 · — 159

다시 기차가 돌아서가는 듯 삐걱거리더니 끼룩거리는 철새들의 도래지에 나를 내려놓는다. 을숙도! 마음이 혼란스러울 때 엄마 품속처럼 찾아가는 곳. 말갛게 씻겨 돌아오는 곳. 거기에 나를 부려놓고 떠나간다. 그 소리에 나를 헹군다. 몸이 가벼워진다. 하늘을 난다.

"수고하셨어요, 시끄러웠을 텐데."

으레 하는 인사지만 반갑다.

말갛게 씻겨, 재정비 된 나를 앞지른 그림자가 미소를 흩날리며 걸어간다.

재정비! 나의 믿음으로 종양은 주눅 들어 숨을 쉬지 않고 있었다.

거제의 바다

 어둠이 내려앉은 작은 카페 '날마다 기쁜 집'에 아홉 명이 모여 앉았다. 스스로를 가객(歌客)이라 하는 카페 주인은 촛불로 곳곳을 밝혔다. 어둑한 실내는 아홉 명의 그림자로 일렁이고 있었다. 거제의 바닷소리가 그리워 모여 든 사람들이었다. 파도소리에 멱을 감고 모두를 내려놓고 싶어서였다. 아니, 바다가 없으면 허기지고 섬에 가지 못하는 날은 그리움으로 바장이는 노시인(老詩人)의 시 낭송을 들으면 응송 하듯 울어 줄 그런 바다가 그리웠기 때문이기도 했으리라.
 내일의 시낭송을 위한 리허설의 밤이라고 그럴싸하게 이름을 붙였지만 사실은 '고백놀이'였다. 가라앉은 분위기며 낮은 촉수의 불빛이 살아온 길을 떨리는 목소리로 이야기하고 또 노래로까지 이어지게 했다.

　마음 아픈 얘기들과 질곡의 삶을 바다는 귀담아 들었고, 외로운 삶을 지켜간다는 이야기에 바다는 위로했다. 신체의 장애를 뛰어넘은 이야기에 바다는 박수를 보내었고, 자신을 찾기 위해 글을 쓴다는 고백에 바다는 고개를 끄덕였다. 방황하며 자신의 반쪽 찾기를 원한다는 이를 바다는 감싸 안았다. 그러자 웃는 모습이 선하기만 한 H는 거제 바다를 노래하며 갈증 난 우리를 다독여 주었다. 모난 돌처럼 부딪치며 부서지다 자신을 비우는 것이 삶의 이치임을 깨달은 내가 회한에 젖자 바다는 함께 울어 주었다. 이런 분위기가 좋아서 생업도 잠시 놓아두고 온 S는 절절한 심정을 바다에 맡긴 채 카메라의 플래시만 터트리고 있었다.

　거제의 밤은 깊어가고 있었다. 밤물결 속에 설움 같은 걸 털어낸 우리들은 한결 마음이 가벼워졌다. 몇몇은 천상으로 오르는 사람들처럼 덩실덩실 춤을 추었다. 우리들의 한숨과 그리움을 그리고 시까지도 받아 삼킨 바다는 응답하듯 밤을 울리며 피멍이 들도록 철썩였다.

　"저 세상에 가서라도 바다에 가자. 바다가 없으면 이 세상에 다시 오자."는 노 시인의 시는 우리 모두의 마음이었다. 그날의 바다는 위안이었고 어머니였으며 고백의 장(場)이었기 때문이었다.
 거제 바다는 어둠에 물들고 우리들의 눈시울은 하나씩 둘씩 젖어들기 시작했다. 그러나 그 이유를 설명할 수는 없었다.

4.
하루를 장식하는 바람

겨울, 그 따뜻한 품

나 하늘로 돌아가리라
새벽빛 와 닿으면 스러지는
이슬 더불어 손에 손을 잡고

나 하늘로 돌아가리라
노을빛 함께 단 둘이서
기슭에서 놀다가 구름 손짓하면은

나 하늘로 돌아가리라
아름다운 이 세상 소풍 끝내는 날
가서 아름다웠더라고 말하리라   - 천상병, 「귀천」

찻집 '귀천'에는 소풍 끝내고 가면서 남긴 천상병 시인의 시가 우리를 반겼다. 단발머리 소녀 같았던 그의 아내도 가고 없는 찻집. 그러나 인사동에 오면 발걸음이 여기 와서 머문다. 눈 내린 길에 발자국을 남겼다.

우린 낮술에 취했다. 술을 마신 사람도, 마시지 않은 사람도 취하기는 마찬가지였다. 따뜻한 마음들이 옷깃에 대롱대롱 매달려주기에 마음을 쏟고 가슴을 열어 이야기를 이어갔다.

사람다움에 대한 얘기를 했을까, 우정 같은 게 변하지 말자는 얘기를 했을까. 취했으니 정확히 알 길이 없다. 입에 거품이 물릴 즈음 데워진 몸을 안고 바깥으로 나와 걸었다. 키가 전혀 맞지 않는데도 우리들은 어깨동무를 하고 인사동을 휘저었다. 모양새는 능선 같았을까. 눈 내린 길을 걷는 발걸음이 따뜻했다. 술기운이 빠져나가자 우리들은 다시 만날 날이 쉬이 오기를 바라며 악수를 나누었다.

또 혼자가 되었다. 길섶에 내려앉은 눈이 정겹다. 하얀 눈이 아니라 더럽고 추하게 엉긴 것들을 끌어안고 있기에 거무튀튀한 회색이다. 비는 내려 산천을 말끔히 씻어 내려가기도, 푸른 나뭇잎 목 축여 주고 인사를 받으며 다시 되돌아가기도 하지만 눈은 보듬음이다. 품음이다. 파란 하늘 아래, 아니면 높은 산중턱에 내린 눈은 푸름을 고이 안고 있기에 정갈하게 보일 뿐, 겨울 산이 지니고 있는 아픔 같은 걸 품어주고 있는 것은 아닐까. 그러니 도회의 눈은 도회만큼이나 어둡고 칙칙하다. 어찌 그 순백의 마음을 싸늘하다고 할 수 있으랴. 손난로만큼 따뜻함이 가슴에 안긴다.

길섶을 따라 걷는다. 작년에 빚진 군고구마 할머니를 만났다. 작년 이맘때쯤이었으리라. 은행에서 큼직한 글씨로 만들어진 달력을 얻어오다 들른 곳이 바로 할머니 가게였다. 할머니는 눈이 어두워 큰 글씨의 달력이 필요하다고 꼭 한 부 얻어달라고 했다. 그러겠다고 선선히 대답하며 군고구마 하나를 덤으로 얻어 오고는 기어이 약속을 지키지 못했다. 그러나 다행히 할머니는 나를 알아보지 못했고 올핸 푸른 마스크와 하얀 귀마개까지 하고 있었다. 할머니 눈치를 살피며 작년 겨울에도 맛있게 잘 먹었다고 했더니 그 말에 반가워 덤으로 또 하나를 주었다. 할머니의 따뜻한 마음이 내 품에 왔다. 이젠 섣불리 약속하지 않으리. 그러나 올핸 원하는 달력 한 부라도 얻어가 할머니에게 고백하리. 내 품을 데우고 있는 할머니의 체온이 식기 전에.

집을 향해 걸었다. 언덕배기 위에 집이 보인다. 내 방에도 겨울이 자리하고 있겠지. 회색빛 눈의 이야기도, 할머니의 군고구마 사연도 내려놓으리라. 들어서니 두툼한 우편물 하나가 기다리고 있었다. 충남 예산군 K중학교에 근무하는 S선생이 사진전을 마치고 그 도록과 자신이 찍은 사진으로 만든 새해 달력을 보낸 것이었다.

　S선생과는 2년 전, 섬진강을 찾아가는 버스에서 만났다. 개교기념일을 틈 타 사진을 찍기 위해 나선 S선생과 나는, 이젠 퇴직을 했지만 같은 직업이라는 공통점 하나로 이야기를 나누며 하루를 누볐고, 카메라를 바꾸어 앵글에 들어앉은 사진을 보며 서로 칭찬을 아끼지 않았다. 섬진강가의 하롱거리던 벚나무 아래 짙은 그늘이 내려앉을 즈음, S선생은 사정이 있어 함께 오지 못한 아내에게 무엇을 사 가져가야 하느냐고 물었다. 나는 지리산고사리를 권했는데 잘 한 것인지 아직도 알 수가 없고, 돌아가서 그가 아내에게 어떤 얘기를 들었을까 궁금해 혼자 빙긋 웃음을 짓기도 한다. 선물로 고사리는 너무하다는 생각이 들었지만 그의 아내가 알뜰한 사람일 것 같아 가장 현실적인 먹거리를 택했던 것이다.

　그런데 그는 잊지 않고 작년에도 사진전의 도록을 부쳐주더니 올해도 연례행사처럼 보내왔다. 올해는 달력이 무게를 더해 묵직하다. 고맙다. 아마추어지만 학생들을 가르치는 틈틈이 자연을 담는 그의 아름다운 마음이 내 방을 데우고 있다. 겨울의 길 위에서 그는 지금도 카메라와 이야기를 나누고 있을 것 같다.

　어디 이뿐이랴. 지금쯤 어디에선가 희끗희끗한 머리칼의 노인들이 노변정담(爐邊情談)으로 정겨움을 주고받으며 밤을 밝힐 지도 모른다. 춥기에 더욱 따뜻한 겨울의 품.

　옷깃을 여민다. 그런데 내 손발은 차기만 하다. 아직 얼어붙어 녹이지 못한 마음 그대로다.

　그러나 이젠 열꽃처럼 피어나리. 낮술로 데워진 마음들이 다시 만남을 기약했고, 조건 없이 덤을 주던 군고구마 할머니의 따지지 않는 마음이며, 하루의 인연이 자연을 담은 사진이 되어 철새처럼 날아오기도 하고 있음을 어찌 외면하랴.

　겨울이 따뜻하게 바람벽을 만드는데 무슨 재간으로 혼자만 얼음장처럼 굳어 있겠는가. 스르르 나를 풀어놓는데 겨울이 눈치 챈 듯 나를 얼른 감싸 안았다.

맞이방에서

　중앙선은 가을의 한가운데를 누비더니 덕소역에 나를 부려놓고는 여유롭게 떠나갔다. '맞이방'을 찾았다. 만나기로 한 장소다. '쉼터'라는 이름과는 또 다른, 누군가를 기다리는 장소다.
　기다림! 만남의 반가움. 만나기로 한 세 사람은 아직 오지 않았다. 집에서 갓 뽑아 온 커피를 여유롭게 마셨다. 김이 오르고 있었다. 그 순간 기다려지는 일행보다 이제는 만날 수조차 없는 친구가 생각났다.
　그 친구는 직장의 동료였고 퇴직 후에도 마음을 트고 자주 만나는 20여 년의 막역지우였다. 그와 나는 자연식을 즐겨 산야초 음식이거나 사찰음식으로 이름난 곳을 찾아다니곤 했다. 지금 생각해 보면 나를 위한 배려였던 것 같기도 하다. 뿐만 아니라 우리는 의기투합하여 훌쩍 떠나는 여행도 즐겼다. 주로 남도기행이었기에 만나는 장소는 용산역의 맞이방인 경우가 대부분이었다.

그날도 그 자리였다. 늦은 밤인데도 친구는 커피를 끓여 왔고 나는 홀짝거리며 밤을 마시듯 커피를 마셨다. 야간열차가 주는 매력은 이용해 본 사람이면 알리라. 떠난다는 사실에 조금씩 들떠 있는 사람들. 두고 가는 아쉬움처럼 힐끗거리며 돌아보는 사람들.

일정은 여수로 가서 향일암에서 떠오르는 태양을 맞고 핏빛 동백을 보러 가도록 짜여 있었다. 열차에 오른 사람들은 삼삼오오 이야기를 나누며 밤을 밝혔다. 이야기를 싣고 달리던 열차가 여수에 도착했을 때는 미명이 되기에도 먼 시간이었다. 향일암은 걷는다는 말보다 오른다는 말이 옳을 것이다. 손전등을 끄집어내어 길을 밝혔다. 계단을 오르고 좁은 바위 사이를 비집고 나가기도 했다. 어둠의 장막은 쉬이 걷히지 않았다. 고개를 숙이기도 해야 하지만 몸집이 큰 사람은 빠져나가기도 힘들었다. 배낭을 멘 친구는 내 카메라까지도 빼앗아 들고는 앞장을 섰다. 힘겨운 일은 그의 몫이었다. 괜찮다는 말로 그만 둘 그가 아니기에 아예 맡기는 것이 상책이었다.

일출을 조망할 수 있는 마당까지 갔을 때 바람 속에서 유난스레 우는 풍경소리를 들을 수 있었다. 조금씩 밝아 오는 듯 했으나 태양은 떠오르지 않았다. 이미 일출을 담기에 좋은 자리엔 삼각대를 세워 둔 사람들이 즐비했다. 친구는 키가 작은 나를 위해 사람들 틈을 비집고 들어가 자리 하나를 마련해 두었다.

금오산에서 바라본 일출의 광경! 그 멋진 장관은 우정만큼이나 가슴 벅찬 것이었다. 내가 본 가장 멋진 일출이었다.

친구는 글을 쓰거나 앵글 속에 풍경을 담거나 하는 취미를 갖고 있지 않았다. 야생화 키우기를 좋아했고 손뜨개며 한지 공예, 퀼트처럼 여성스럽고 잔손이 많이 가는 것을 즐겨했다. 그가 키운 야생화가 내게 와서 자라고 있는 것만 해도 여러 종류이다. 나와의 공통점이라면 말이 적고 적막한 자연을 즐기는 것이었다. 그런 그가 조용한 찻집이며 카메라 속에 담기에 적당한 장소들을 먼저 알아내어 나를 인도해 준 것을 생각하면 그는 내게 마중물의 역할을 하러 이승에 왔다 간 사람인지도 모르겠다. 심장마비로 나를 고아처럼 남겨 두고 가기 전까지.

그랬다. 그는 내게 마중물이었다. 펌프질을 하기 전, 먼저 부어주던 한 줌의 물이었다. 물을 부어 주고 펌프질해서 긷던 그 신기한 기억 속의 한 바가지의 물. 내 유년의 기억에서부터 감성까지도 펌프질해 주며 글을 쓰고 사진을 찍게 하던 그는 분명 내게 삶의 마중물이었다.

학창 시절, 문학의 길로 접어들겠다는 내게 여러 장르의 책을 읽게 하고 여행을 하게 해 주신 이득재 선생님이 풋풋했던 날의 마중물이었다면, 친구는 험난한 사회생활에서 질식할 것만 같은 내게 숨통을 열어 주고 꿈을 이어가게 한 또 하나의 마중물이었다. 그런 친구의 두 번째 기일이 다가오고 있고, 수소문을 하며 찾은 선생님도 이제 이 세상 사람이 아니란다. 살뜰했던 두 사람은 허허로움만 안겨 주고 가 버렸다. 그 손끝과 눈빛이 아직도 마음 갈피에 있는데 그들은 역할을 다한 줄로 착각했던 모양이었다.

 기억 속에서 헤매고 있는 나를 깨우듯 기다리는 세 사람 중 한 사람이 먼저 나타났고 두 사람은 좀 늦을 것이라는 메시지가 왔다고 했다. 기다림이 지루하지 않았다. 아름다운 시간 속을 유영하며 즐거움을 고르고 있었기 때문이었.

 나도 '맞이방'에서 누군가를 기다리고 있다는 사실이 조금은 위안이 되었다. 늘 나를 기다리기만 하고 하늘나라에서조차 자리 잡고 기다리고 있을 친구를 생각하고, 또 "이 달에는 책을 몇 권이나 읽었니?"라고 하시던 선생님의 목소리가 천상의 노래가 되어 내려오는 듯했다.

 기다림을 익힌다는 것은 여유로움이며 자신을 성찰하는 시간이기도 하다. 조그마한 맞이방에서 나의 마중물들을 생각하게 된 것은 아마 나도 누군가의 마중물이 될 수 있기를 바라는 마음 때문이리라.

북촌의 봄

　옛 향기를 지닌 북촌으로의 나들이였다. 가회동 31번지 한옥마을, 한옥의 멋은 역시 선(線)이었다. 외씨버선 같은 처마 끝이며 위에서 내려다보면 날렵한 기와의 선들이 춤사위를 보는 듯했다. 골목 저 끝에서 불러도 부르는 소리가 들려올 것 같은 좁은 골목들도 이 마을이 주는 맛이었다.
　청계천과 종로의 윗동네 북촌. 600년의 역사와 함께해온 우리 조상들의 전통 주거지역이다. 박제(剝製)화 되는 한옥을 모아 그 당시의 풍경들을 재현해 두었나 보다. 전통 공방이 곳곳에 있고 고운 한지에다 '건양다경(建陽多慶)', '입춘대길(立春大吉)'과 같은 글씨들을 써 붙인 오래된 나무대문들이 불쑥 나타나곤 해서 어릴 적 뛰어놀다 만나던 골목의 한 풍경 같았다.

골목골목을 누비다 발견한 것은 조선 세종 때 정승을 지냈던 청백리 맹사성(孟思誠)의 집터였다. 양지 바른 곳이었다. 대감은 나랏일을 하고 퇴청한 후에는 정자에 앉아 좋아하는 피리를 즐겨 불었다고 하니 높은 기품에 어우러졌던 가락이 들려오는 것만 같았다. 그는 노후에는 높은 벼슬자리도 내어놓고 안빈낙도(安貧樂道)하며 자연과 더불어 지냈으니 비워진 그의 마음에 자연만이 들어앉아 있었나 보다. 네 계절을 노래한 「강호사시가」의 봄노래가 나와 함께 걸었다.

강호에 봄이 드니 흥취가 절로 나는구나
시냇가에서 막걸리 마시며 안주는 쏘가리로다
이 몸이 한가한 것도 임금님의 은혜로다

충신답게 강호에서 느끼는 봄의 정취까지도 임금님의 은혜에 돌린 정승이었다. 그의 시조처럼 강가는 아니어도 그가 살았던 북촌의 봄은 여유로움, 그것이었다.
우선 우리네의 숨결을 느끼고 싶어 삼청동에 자리한 '북촌 생활사 박물관'에 들렀다. 근대 100년 동안의 생활 물건들이 어머니의 얼굴인 양 나를 반겼다. 벌겋게 숯불이 이글거리던 다리미가 편안하게 누워 있었다. 우리 고향에서는 '도구통'이라고 부르는 절구가 그러했고 공이도 그러했다. 어머니가 절구에 곡식을 넣고 공이로 찧을 때, 흩어지는 낟알을 손으로 모아주다 무명지의 한쪽이 짓이겨져 그대로 굳어버렸다. 그런 내 유년을 알 턱이 없는 공이는 편안히 쉬고 있었다. 한편에는 한 맺힌 여인들의 가슴을 쓸어내리고 귀를 간질이던 다듬이가 누군가가 두들겨 주기를 바라고 있었다. 맷돌이며 말아 둔 멍석이 고향집에 들른 듯했다. 포근하고 다사로웠다. 멍석 곁엔 이젠 구경꾼들에게도 이력이 났는지 고양이 한 마리가 본 체 만 체 봄 햇살을 이고 잠들어 있었다.

  다시 골목길을 걸었다. 우리의 옛 모습을 보기 위함일까. 평일인데도 외국 관광객들이 가득했다. 한옥의 아름다움이, 우리의 전통문화가 날개를 달 수 있는 계기인 것만 같아 오랜만에 가슴을 폈다. 뿌듯했다. 그뿐만이 아니었다. 아기자기한 소품이며 도자기, 의류, 보석 등 여러 종류의 가게들이 줄줄이 이어져 있었다. 젊은이들이 흡입기에 빨려들 듯 상점마다 들어가는 뒷모습이 예쁘기만 했다. 관광객들도 신기한 듯 들어서고 있었다. 전통을 밑받침으로 한 현대가 고혹적인 모습으로 사람들을 유혹하고 있었던 것이다. 이렇게 북촌은 탄탄한 전통 위에 새로운 지평을 열어가고 있었다. 아주 조용하게 느린 걸음으로.

  삼청동의 비탈진 길을 내려와 단팥죽 집으로는 꽤 알려진 '서

울서 둘째로 잘하는 집에 들렀다. 맛도 맛이지만 이 집의 이름이 마음에 들어 가끔 찾는 집이다. 그렇다. 둘째다. 첫째를 내어 준 넉넉함이 거기에 있다. 여기에 터를 잡은 지도 벌써 서른다섯 해가 되었다. 둘째라는 이름을 가진 이 집이 북촌에 자리한 것도 의미 있는 일로만 느껴졌다.

봄도 그러하다. 우리가 계절의 앞자리에 두었을 뿐 봄은 결코 첫째이기를 바라지도 않고, 첫째라고 힘을 주거나 군림하지도 않는다. 만물이 힘을 얻고 얼었던 냇물이 풀리는 소리가 이곳저곳에서 들려올 때 봄은 제 할 일을 다 한 목자처럼 조용히 고개를 숙일 뿐이다. 안개 속에서, 아지랑이 품에서.

뽀얀 안개 같은 봄빛을, 부러지지 않고 휘어지기만 하는 물 오른 여린 가지들을 보라. 봄의 여유로움이며 넉넉함이다. 아니, 부드러운 숨결이다. 봄은 즐기는 사람들을 다소곳이 관망할 뿐이다.

북촌 또한 그러하다. 졸음에 겨운 고양이 걸음으로 걸어오는 봄, 물 오른 봄의 버들가지처럼 휘어지는 유연함이 북촌에서 느끼는 멋이다. 북촌의 봄은 우리네 마음결이다.

수리부엉이의 사랑

 찬 기운이 방안을 몰래 기어드는데 집안은 적막이었다. 반기지 않아도 주기적으로 찾아오는 두통으로 웬만한 일은 접어 두고 자리에 누워 오랜만에 텔레비전 화면에 눈을 맞추었다. 그때 눈에 들어온 것은 황갈색의 무늬를 옷으로 입은 수리부엉이 한 마리가 바위틈에 깃을 튼 것이었다.
 처음부터 본 것이 아니라 자세한 정황은 알 수 없지만 경계하듯 사방을 두리번거리는 수리부엉이가 산란한 알 두 개를 품고 있는 것을 보고는 암컷인 것을 알았다. 밤의 제왕이자 야행성 맹금(猛禽)인 수리부엉이는 절체절명의 과제가 주어진 것처럼 비상태세에 들어갔다. 짐승이든 사람이든 어떤 외적이라도 가까이 오면 싸울 태세로 발톱을 곧추 세운 채 목숨처럼 알을 품고 있었다. 부화하기까지 35일 정도를 그렇게 품에 안아 보호하려는 자세였다.

　얼마를 지났을까, 날이 어두워지자 멀리서 수컷이 먹이를 물고 와서는 암컷의 입에 물려주고 날아가 버렸다. 밤이면 찾아와서는 그렇게 먹이를 주고 갔다. '잘 품고 있어야 돼'. 가슴에 남기고 간 소리였다.

　두 개의 알이 한꺼번에 부화한 것이 아니었다. 한 개의 알에서 나온 수리부엉이의 새끼는 온몸을 늘어뜨린 시신이 되어 태어났다. 나는 똑똑히 보았다. 어미 수리부엉이는 눈물을 흘렸고 목을 힘없이 떨어트렸다. 오열하고 있었으리라. 그러나 다시 힘을 비축해야 한다는 비장한 각오를 한 듯 죽은 새끼의 시신을 힘겹게 먹었다. 잘 건사하지 못한 자신을 나무라고 있는 것은 아닌지. 그날 밤 먹이를 물고 온 수컷은 그 광경을 보더니 가져 온 먹이를 그대로 문 채 돌아가는 것이 아닌가. 등골이 오싹했다. 고의는 아니더라도 고물거리고 있어야 할 새끼를 어미의 잘못으로 그렇게 되었다고 꾸짖는 수컷의 질책이 거기에 있었다.

　다음날이었다. 태어난 다른 새끼 한 마리는 솜털을 뒤집어쓰고 꼼지락거렸다. 그날 밤 수컷은 물고 온 먹이를 암컷의 입에 물려주었고 암컷은 먹이를 잘근잘근 새끼가 넘기기 쉽게 씹어서 입에 애써 넣어 주었다. 잘 키워야 돼. 암컷은 주변을 경계하듯 한 바퀴 돌고는 돌아오곤 했다. 적어도 7, 8주는 지나야 새끼들이 자유롭게 날 수 있을 테니까 그때까지 암수는 일을 나누어 새끼를 키워 나갔다.

바위 틈사귀엔 평화가 왔다. 한 번 짝을 지으면 평생을 간다는 수리부엉이는 우리나라 천연기념물 324호로 지정되어 있기도 하다. 웬만한 포유류도 거침없이 사냥할 만큼 사나운 수리부엉이지만 부부애와 새끼 사랑의 마음은 사람을 능가했다.

그러기에 그 광경을 보는 순간, 옛날 내가 겪었던 일이 떠올랐다. 결혼하고 몇 달 지난 후였다. 생판 다른 남남이 아우러져 하나의 작은 공동체를 이루었을 때, 거기에 적응하지 못한 나는 불면의 밤을 보내곤 했다. 그러던 어느 날 직장에서 퇴근 후 밤바람이 그리워 목석같은 남편을 졸라 외출을 했다. 남들이 허다하게 하는 외식이라는 것이라도 하리라고 생각했다. 그러나 그 순간 참을 수 없이 배가 아파 바로 앞에 보이는 산부인과 간판을 보고는 찾아 들어갔다. 의사는 담담하게 아기가 자리 잡지 못하고 생명을 잃었다고 했다. 또한 '어쩌면 바보 같이 아기가 뱃속에서 숨을 쉬고 있다는 사실을 몰랐을까' 하는 눈초리였다. 할 말이 없었다. 내가 방황하던 그 기간 동안 몸속에서는 새로운 생명이 세상 밖으로 나오기 위해 안간힘을 쓰고 있었다는 사실을 전혀 눈치 채지 못했다.

　더불어 사는 '가정'이라는 작은 울타리 속에서 내가 우선이었으니 알지 못함은 당연한 결과였다. 원래 건강하지 못했으니 몇 달을 달거리를 해도 시원찮은 자신의 건강 탓이리라 여길 만큼 무지했다. 의사의 말을 듣는 순간, 그때서야 한 대 얻어맞은 듯한 느낌이 들었다. 부끄러웠다. 병원 문을 어떻게 빠져 나왔는지 기억할 수조차 없었다.

　살아오면서 바보 같았던 그때가 떠오르면 어이없었지만 눈물은 나오지 않았다. 이미 눈물은 마른 후였다. 세상살이는 버거웠고 지나간 일은 낡은 필름처럼 희미해져 갔기 때문이었다.

　그러나 이제는 모두를 내려놓을 수 있는 나이에 접어들었나 보다. 그때문인지 사나운 날짐승의 새끼에 대한 극진한 사랑을 보며 회한에 젖는다.

　생명이라는 것! 새삼스럽게 생각해 본다. 프랑스의 작가 로맹 롤랑은 '생명에의 사랑이 첫째가는 미덕'이라고 했다. 그렇다 최상의 미덕이다.

　생명에 대한 존중이다. 존중은 자기를 낮추는 겸손이다. 우주를 포용하는 사랑이다. 너무 늦게 찾아 온 깨달음이지만 감사할 뿐이다. 수리부엉이가 보여 준 새끼 사랑이 훈훈하게 온몸을 데워 주기에 오랜만에 편안하게 잠자리에 든다.

낙엽, 일어서다

기차를 탔다. 무궁화호는 미련퉁이처럼 역을 빠져나갔다. 새벽 녘 인터넷으로 예매한 충북 영동으로 가는 차 표 한 장이 나를 싣고 떠났다. 가을이 가고 있었다. 구름이 흘렀다. 가을은 그냥 떠나기만 하는 것일까. 잔잔한 애수만 남겨 두고.

영동의 천태산. 이 산의 문지기처럼 서 있는 영국사(寧國寺)의 은행나무를 찾아 나선 길이었다. 영국사는 신라 때 원각대사가 창건했다고 전해지나 정확히는 알 수 없다. 단지 고려 공민왕이 홍건적의 난을 피해 이곳까지 피난 왔다가 홍건적을 물리치고 개경 수복한 후 '나라를 편안하게 한다'는 뜻으로 절 이름을 영국사로 바꾸었다고 한다. 이 은행나무 역시 국난을 꿋꿋이 이겨낸 나무라서, 나라에 난이 있을 때마다 큰소리로 울었다고 하니 그 기개와 지조가 만만치 않다. 이렇듯 영국사 앞마당에 망부석처럼 서 있는 은행나무는 천년 고찰을 지키는 거목답게 천연기념물 223호로 지정되어 있었다. 그리고 그 곁에는 계곡이 있어 은행나무의 젖줄이 되어 주고 있었다.

 우람했다. 천년을 살아온 은행나무는 여느 해와 마찬가지로 무겁게 짊어지고 있던 가을의 껍질을 하나씩 벗고 있었다. 아니, 보내고 있었다. 하롱하롱 노란 잎이 바닥에서 뒹굴고 있었다.

 나무를 바라보았다. 천년을 견뎌 온 거목의 그림자가 나를 덮쳤다. 아기의 새끼손가락 같았던 푸른 잎을 밀어 올리던 날의 대견함과 열매를 배태(胚胎)했던 날의 의연하지만 힘겨웠던 모습에서 이젠 넉넉히 나눈, 그리고는 빈손으로 돌아가는 담담한 모습이 처연히 바라보는 내 가슴 한쪽 고랑으로 여울져 흐르고 있었다. 천년이었다. 물론 억겁에야 무슨 재간으로 따르겠는가. 그러나 유장한 세월을 살아왔기에 동서남북으로 퍼져 있는 가지 하나가 땅으로 내려와 새로운 하나의 나무가 되어자라고 있었다. 천년의 세월을 헛되이 산 것은 아니었다. 갈라져 나간 나무도 어미를 닮은 새끼망아지처럼 웬만한 가로수보다 더 크게 자라고 있었다. 천년의 얼굴은 뒹구는 한 잎의 낙엽 속에, 엽맥 속에 숨 쉬고 있었다. 잎새 하나는 부박한 날들을 견뎌낸 그의 생이었다. 거기에 희망 하나를 심어 두고 내려왔다.

　그림자가 오래도록 따라오고 있었다. 가을의 잔해들이 군데군데 숨 쉬고 있었다. 달리는 차의 입김을 따라 강아지처럼 뒹굴며 따라가는 낙엽이며 '감의 고장'이라는 명칭에 어울리게 집집마다 주렁주렁 매달린 감의 퍼레이드. 어느 날 호랑이보다 무서운 곶감이 되리니. 가을바람이 앞서가는 사람의 머리칼을 휘저어놓았다.

　바람이 가는 방향을 따라가다 보니 영동역 건너 용두공원에 다다랐다. 벤치엔 낙엽이 앉아 있었다. 바람이 불기 시작했다. 그 순간 놀라고 말았다. 잔디 위에 떨어져 있는 단풍들이 푸른 풀들과 함께 동물원에서 보았던 '미어 캣'처럼 빳빳이 일어서는 게 아닌가. 아, 풀이 서는구나. 낙엽은 밟히며, 구르며 그러면서 가는 게 아니구나. 직립이 되어 바람을 뚫으며 걷기도 하는구나. 입 밖으로 새어나온 김수영 시인의 「풀」!

　　…풀이 눕는다.
　　바람보다도 더 빨리 눕는다.
　　바람보다도 더 빨리 울고
　　바람보다 먼저 일어난다.
　　날이 흐리고 풀이 눕는다.
　　발목까지 눕는다.

바람보다 늦게 누워도
바람보다 먼저 일어나고
바람보다 늦게 울어도
바람보다 먼저 웃는다.
날이 흐리고 풀뿌리가 눕는다.

 만상이 그러했다. 숨죽이며 사는 듯했으나 의식하며 빳빳이 목 줄기 들 줄 아는 생명이었다. 생명을 가진 모든 것들은 자신의 존재 가치를 간직한 채 살아가는 것이었다. 풀도 잎새 하나도 마찬가지였다. 죽는 순간까지도 자존이었다. 쉽게 쓰러지지 않는 의지였다. 꽃으로 잎으로 푸름으로 한 생을 즐거움과 기쁨을 나누어주고 의연한 모습으로 돌아가며 '나 가노라' 인사하듯 손짓하는 모습이었다.
 바람이 불었다. 잠시 쉬듯 누웠던 풀들이 일어서자 카메라 앵글에 담겼던 노랑, 빨강, 주황, 갈색의 낙엽들이 일시에 줄줄이 일어섰다. 펼쳐진 푸른 무대에서 벌이는 카니발이었다. 애드벌룬이라도 띄우고 싶었다.
 살갑고 경이로운 그들을 뒤로하고 공원을 빠져 나오는데 전구알 같은 감 두 개가 그네 타듯 흔들리며 낙엽을 내려다보고 있었다. 아직은 소임이 끝나지 않은 양. 할 일을 마치고는 일어섰다 누웠다 되새김질하는 낙엽에게 곧 까치의 한 끼 식사라도 되어 생을 마무리하고 가리라 인사라도 하는 듯.
　가을이었다. 천년을 지켜 온 그 은행나무도 저런 기개로 버텨왔나 보다. 유장한 세월을. 낙엽이 일어섰다. 가을은 애잔함이 아니라 품고, 베풀고, 할 일을 다 마치고 돌아가는 성자의 모습들이었다.

숲길을 가며

　편백나무 숲길을 갔다. 편백나무 곁에는 삼나무까지도 어우러져 있고 드문드문 서 있는 낙엽송의 우듬지엔 햇살이 이슬비처럼 흩어지고 있었다. 편백나무는 진하고 신선한 향내로 사랑 받고 있을 뿐만 아니라 피톤치드라는 물질을 가장 많이 뿜어내어 항균작용과 면역력을 증가시키는 나무로 알려져 있다.
　숲은 둥지 같은 곳이다. 안심하고 나를 맡기면 오감을 일깨우고 맑디맑은 공기 주머니를 터뜨려 산뜻한 몸으로 탈바꿈 시켜 준다. 산소로 멱 감은 뒤에 찾아오는 명징(明澄)의 기쁨. 새로운 탄생의 기쁨을 어디다 비기랴.
　전남 장성군 축령산엔 숲 같은 사람이 살았단다. 아니, 한 그루의 나무였단다. 춘원(春圓) 임종국(1915~1987). 국유지인 헐벗은 산에 1956년부터 그가 세상을 떠날 때까지 270만 그루의 나무를 심었다. 숲을 이룰 때까지 가뭄을 만나면 어깨에 피가 나도록 물지게로 물을 져 날라 목마른 나무들에게 물을 주었다. 나무들이 자라 무성해지는 숲을 보며 얼마나 감격했을까. 그가 세상을 하직하기 전에 남긴 말은 울창한 숲을 위해 계속해서 나무를 심어주기를 바란다는 것이었단다. 그리고는 수목장으로, 그가 아끼던 나무 아래 잠들었으니 숲과 그는 원래부터 한 몸이었나 보다.

　나와 숲과의 인연도 꽤 오래전의 일이다. 교직생활을 하고 있던 나는 갑자기 찾아온 병마에 시달리는 바람에 휴직까지 하게 되었다. 아니, 퇴직까지도 생각하며 절망의 나락에서 허우적거리고 있었다.

　늘 다니던 명동 성모병원을 찾았을 때 정환국 선생은 "죽기밖에 더해요? 죽음은 모든 사람이 맞이하는 건데 무엇이 그리 두려워요? 복직해요. 과민한 자곡지심(自曲之心)으로 자신을 얽어매지 말고 산으로 가 보아요. 움직일 줄 모르는 나무들조차도 스스로를 지키고, 자기가 가진 것을 주기도 하고 버리기도 한다는 사실을 알 수 있을 테니." 선생의 말은 힘이 되었고 움츠리고 있던 내게 용기를 주었다. 선생의 말대로 일단 복직은 했으나 건강에 자신이 없고, 일에 쫓겨 산을 찾지는 못했다.

그리고도 꽤 오랜 기간을 근무하다 퇴직을 했고, 퇴직 후에야 선생의 말을 발로 옮겨야겠다는 생각으로 산을 찾게 되었다. 평발이며 더디고 느린 내가 산을 걷는다는 것부터가 어려운 결단이었다. 산에 맛을 들이기까지는 10년의 세월이 흘렀다. 그러다보니 이제는 눈을 뜨면 이미 산 그림자가 드리워져 있음을 느낀다. 그 그림자를 외면할 수 없어 달려가듯 집을 나선다. 산에 다다라 나무들 속에 서면 내가 나무가 되고 그들과 끝없는 대화를 나누게 된다. 볼수록 대견하고 고맙기만 하다.

나무들이 살아가는 방법은 아름답다고 말할 수밖에 없다. 그들의 보호막은 바로 냄새이다. 피톤치드라고 하는 물질도 그중의 하나인 것 같다. 사람에게는 유익하지만 벌레들이 가까이 하기엔 역겨운 것이 아닐는지. 잎이나 열매의 고약한 냄새도 한몫을 한다.

아름다운 은행나무를 보아라. 노란 단풍이 가슴을 설레게 하는 가을이 되면 그것보다 더한 은행의 구린 냄새는 사람이나 짐승 모두를 배척한다. 범접하지 못하게 한다. 짐승처럼 적으로부터 도망칠 수도 없기에 그들만이 지니고 있는 보호무기의 일종이다. 그들의 지혜다.

그리고 동물이나 새들이 새끼를 낳고 알을 까듯 숲을 이루기 위한 그들의 노력은 바로 아름다움이다. 새들에게는 푸름 속에

쉬어가게 하고 열매를 맺어 기꺼이 먹이가 되어 준다. 그리고는 작은 소망을 가진다. 새들의 배설물 속에 숨어 있을 씨앗들이 어디로 가든 땅에 떨어져 싹을 틔우고 뿌리를 내려서 큰 나무가 되고 숲을 이룰 수 있기를. 뿐만 아니라 엉글어진 열매는 짐승의 등에 달라붙어 어디든 가리지 않고 떠나가서는 새로운 영토를 마련한다. 그 영토에 아름드리 숲이 만들어질 날을 꿈꾸면서…. 사람에게만 의존하지 않고 자생할 힘을 키워가는 슬기로움이다.

추위와 더위, 가뭄도 버티어내는 강인함으로 눈을 틔우고 꽃을 피우며 열매를 맺는 한결같음은 바로 성자의 모습이기도 하다. 한결같음에 매료되기도 하지만 무겁게 옷을 입고 있다가도 때가 되면 훌훌 벗어 버릴 줄 아는 그 빈 마음이 사람보다 살갑기에 숲을 찾는다.

어디 그뿐인가. 재목이 되어 사람 곁에서 평생 살아가기도 하지만 땔감이 되거나 사람들의 발에 밟혀 다시 흙으로 돌아가기도 한다. 그러면서도 평생을 아낌없이 주는 헌신에서 삶의 의지를 배우고 나누어 주는 넉넉함을 익힌다.

편백나무 숲길을 간다. 한 사람의 시작이 성자의 모습 같은 숲을 만들었다. 숲은 사람들에게 돌아와서는 위로가 되고 힘이 되어 주고 있었다. 나무를 심은 사람도, 산에서 나무의 지혜로움을 배우기를 권하던 사람도 가 버렸지만 편백나무는 그들의 향기까지도 끌어안고 있다가는 서서히 뿜어내고 있었다. 뿜어내는 향기를 가슴에 안았다.

직지사 풍경

　김천의 직지사에서 제1회 사진 촬영대회가 열리는 날이었다. 운전을 맡은 김 선생은 내가 걱정인 듯했다. 사실 나는 오랜 기간 사진을 공부한 사람들 틈에 도토리처럼 끼어가는 형편이었다. 그것도 어설픈 사진 기술, 그것뿐인가, 카메라 기종을 바꾼 지 두 번째의 촬영이니 김 선생의 염려는 당연했다. 고마운 마음이 앞섰다. 그러나 나는 염불보다 잿밥에 정신이 팔린 사람이 되어 전국 아마추어 사진 동호인들이 경합을 벌이는 치열한 현장을 스케치하리라는 생각으로 차 있었다. 사진은 덤이었다.
　소백산맥 가운데 황악산(黃岳山) 기슭, 직지사에는 전국에서 사진을 사랑하고 아끼는 사람들이 꾸역꾸역 모여들고 있었다. 참가 자격에 제한이 없었으니 전국의 아마추어 동호인, 대학의 사진반, 사진 애호가가 있는가 하면 나처럼 잿밥을 먹으러 온 사람도 있는 것 같았다. 피난민 행렬 같았다. 간단히 가방을 어깨에 둘러멘 사람, 짓누르듯 가방을 짊어진 사람, 사진기며 호환렌즈며 삼각대, 높이 올라가서 찍으려고 간이사다리까지 갖추어 한 살림 차려온 사람들. 무장군인 같은 사람들의 행렬이 접수처 앞에 줄을 이었다. 천 명이 넘는 구름이었다. 설렘이 물결쳐왔다.

  간단한 개식사와 축사, 격려사가 끝나고 촬영이 시작되었다. 주어진 소재는 천년 고찰인 이곳에 어울리게 우리의 전통예술을 다양하게 연출해 보이는 것을 찍는 것이었다. 맨 먼저 넓은 마당에서 달마를 그리는 퍼포먼스가 있었다. 달마의 눈이 마지막 완성되는 순간, 카메라 렌즈엔 불이 붙었다. 치열한 불꽃이었다. 이곳저곳에서 고함소리가 나오기 시작했다. "머리 치워!" "자세 낮춰" 신사적인 말투들이 차츰 경계를 넘어섰다. 저것이 진정 예술혼일까. 빛의 방향이 사진을 좌우하기도 하는데 몸집도 키도 작은 나로서는 불가능했다. 구경꾼이 되기로 했으니 좋은 자리의 차지는 생각지도 못할 일이었다. 보이는 대로 한 컷을 찍고 물러났다.

  자리를 옮겨 승무를 추고 있는 곳으로 갔다. 자유와 영원을 희원하는 것일까. 고깔을 쓴 애틋한 모습이며 뿌려 펼치고 다시 모으는 장삼 자락이 푸른 하늘 아래 한 폭의 그림이었다. 숨죽인 이들이 앵글을 돌리며 고운 모습을 담으려고 촉각을 곤두세우고 있었다. 느닷없이 "손 치워!" 하는 소리가 나는 것을 보니 누군가의 손이 앞을 가렸나 보다. 깊은 발 디딤에 뿌려지는 장삼 자락. 서럽도록 고왔다.

어디서 무엇이 이루어지는지를 모르고 혼자서 그저 경내를 걸었다. 학이 나는 모습이었다. 유심히 보니 구름과 어우러진 학춤이었다. 늦게 도착했으니 자리 하나도 내 차지는 아니었다. 당연하기에 포기했다.

동자승들을 만났다. 여섯 명이었다. 가장 찍고 싶은 대상이었다. 사람들은 동자승들에게 별별 행동을 연출하기를 요구했다. "걸어 나오너라, 앉아서 얘기를 나누어라. 어깨동무 해 보아라." 그러나 동자승들은 많은 사람들의 요구를 다 들어 준 것은 아니었다. 귀찮고 싫은 것은 하지 않았다. 스님이기 이전에 아직은 철부지 어린아이니까. 맑은 눈망울들이 담고 있는 수많은 얘기들을 물어볼 수도 없었다. 가슴이 뭉클하고 눈물이 났다. 순백의 모습만이 카메라에 담겼다.

다시 걸음을 옮겨 경내를 돌았다. 상모돌리기를 하고 있었다. 한 차례 사람들이 지나갔는지 처음으로 한산한 느낌이었다. 풀밭에 앉았다. 옆에 앉은 어르신과 이야기를 나누었다. 일흔여섯이라고 했다. 사진전에 두 번 입상한 경력이 있는데 이번에도 입상하면 이제 출품하는 것은 그만두려고 한다고 했다. 그리고 사진의 소재를 찾아 헤매다 다친 다리의 상처를 보여 주며 "살아 있기에 얻은 귀한 선물"이라고 했다. 같이 다니던 친구는 이미 이 세상 사람이 아니라는 말도 덧붙였다. 상모를 돌리는 젊은이들이 여러 가지 기술을 보여 주는 것에 아랑곳없이 나는 '살아 있기에…' 하는 말을 중얼거리고 있었다. 치열한 삶과 하루의 일과에 감사하며 살고 있는 분의 마음을 어떻게 카메라 렌즈에 담을 수 있을까.

오후엔 스님들이 범종(梵鐘)과 법고(法鼓), 목어(木魚)와 운판(雲版)을 치는 것을 영상으로 담는 작업이었다. 자리다툼이 가장 치열했다. 자리를 차지한 사람들이 경이로웠다. 간이사다리를 놓고 사진을 찍는 사람들도 군데군데 보였다. 사진은 고사하고 스님들의 모습도 볼 수가 없었다. 좁은 장소는 뜨거운 열기로 달구어져 있었다. 한 번만 더 시연해 달라고 사람들은 애원하기도 했다. "때를 만나고 못 만나는 것도 인연이지요. 그렇게 꼭 카메라에 담고 싶으면 저녁 6시 15분에 다시 오세요." 하고는 합장하고 물러갔다. 카니발이 끝난 후의 정적 같은 허전함이 열기를 식히고 있었다.

치열함의 난무! 열정적인 삶. 그랬다. 멋진 영상을 담기 위해서 자리다툼을 하고 타인과 경쟁을 벌이고 있지만 끝없이 긴 여정을 가기 위해서는 자신과의 싸움이 가장 힘든 고행의 길이 리라는 생각을 했다. 기술보다 혼을 담아야 생명력을 갖고 교감 할 수 있는 작품이 될 수 있다고 믿는 것이 나의 잣대였다. 그 속에 내가 전달하고자 하는 바를 담기 위한 부단한 노력과 새로운 시도에 대한 지치지 않는 열정과 고뇌.

나는 이야기가 있는 사진을 좋아하고 작가의 혼이 그대로 담겨 있는 작품을 사랑한다. 많은 사람들이 렌즈 속에 인물들을 담아 갔지만 정작 자기의 혼도 담아 간 사람은 얼마나 될까. 요즘은 워낙 사진 기술이 발달한 시대라서 보정(補正)도 쉽사리 이루어지지만 사람의 혼까지도 넣을 수 있는 보정은 없으리라. 살아 숨 쉬는 이야기들이 알알이 박힌 작품들이 푸른 하늘을 채워 줄 수 있기를 바란다. 아니, 작가의 예술혼이 담긴, 생명력 있는 작품들이 탄생하기를 바란다. 하나의 욕심이 있다면 내 영혼이 담긴 글을 남기는 일이다.

축제장에서 만난 계영배

 온통 인삼밭 그대로였다. 펄럭이는 만국기 속에 '30주년 금산 인삼축제'라는 글씨가 선명하고 먹거리와 노래와 춤이 한판을 벌이고 있었다. 인삼의 고장이 제 지방의 특산물을 바로 명절 전에 내세워 많은 사람들에게 선물 상품으로 판매하고 있으니 때를 잘 맞추었다는 느낌조차 들었다. 특히 2011년에는 '금산 세계 인삼엑스포'가 열리기로 확정된 터라 벌써부터 준비 중인 모양이었다. 그래서인지 축제란 '거기서 거기'라는 고정관념을 깬 깔끔한 축제였으며 메시지까지 얻어올 수 있었다.
 축제장으로 들어섰다. 인삼으로 가공된 식품들도 많지만 뭐니 뭐니 해도 수삼센터에 많은 사람들의 발길이 머물고 있었다. 가게는 모두 번호로 되어 있었다. 81호집 수삼이 좋아 보였으나

번거로울 것 같아 아쉽지만 돌아섰다.

수삼센터에서 나와서 깨끗하게 지어진 건물 속으로 들어갔다. '금산인삼관'이었다. 들어서자 '바람소리, 물소리, 사람의 발자국소리로 크는 인삼'이라는 글씨가 나를 반겼다. 알맞게 불어주는 바람, 적당한 양의 물, 그리고 쉬지 않고 부지런히 발자국을 옮기며 가꾸어 주어야 잘 자란다는 뜻이리라. 그렇게 정성과 땀으로 수확된 인삼을 아무 생각 없이 매일 음용하고 있었으니…. 그제야 몸속에서 바람소리가 나고 물이 흐르고 부지런한 손길이 느껴졌다. 콧등도 시큰해 왔다.

그 글씨를 가슴에 안고 금산의 맛과 멋을 품은 기념품 가게며 인삼 약초관을 거쳐 3층에 도착했을 때 만난 것은 조선 후기의 거상(巨商) 임상옥의 상도(商道) 정신을 체험할 수 있다는 계영배(戒盈杯)였다. 잘 차려진 양반집의 대청마루 같은 곳에 방석을 깔아 두고 자원봉사 나온 공직자의 부인들이 찾아온 관광객들에게 계영배로 인삼주를 마시게 하고 있었다.

계영배! 그렇다. 이름 그대로 가득 차는 것을 경계하라는 뜻이다. 인삼 무역의 개척자였던 임상옥은 이 잔을 늘 곁에 두고 끝없이 솟구치는 과욕을 다스리며 큰돈을 만들어 조선 최고의 거상이 되었고, 빈민 구제에도 남다른 힘을 썼다고 전한다. 봉사자들은 술잔을 가득 채우면 하나도 남지 않고 저절로 모두 비워지니 70퍼센트만 채우라고 일러주었다.

그 말을 들려주었건만 지인은 이미 술잔을 가득 채웠고 인삼주는 마술 쇼의 한 장면처럼 남김없이 빠져 나가버리고 말았다. 대기압을 이용하여 가득 채우면 빠져 나갈 수밖에 없는 사이펀의 원리다. 나도 아마 그러했으리라. 지인이 무심히 한 행위를 보고서야 놀란 듯 70퍼센트쯤 채워 보았다. 그 자리에 머물던 노리끼리한 인삼주의 그윽한 향취라니.

물론 이 잔을 만든 도공도 스승이 꿈꾸지 못한 설백자기(雪白磁器)를 만들어 명성을 얻게 되자 그만 방탕 생활에 빠져 있다가 재물을 탕진한 후에야 이 계영배를 만들었다 하니 후회는 항상 뒤늦게 오기 마련인가 보다.

스스로를 뒤돌아보았다. 흘러내리면 '더 많이 부으면 되겠지' 하고 생각했기에 양껏 채워보려고 했지만 채워도 끝없이 허기지던 날들이었다. 과유불급(過猶不及)이라는 사실을 왜 몰랐을까. 가지고 싶은 것도, 건네는 말도, 돌아올 대가도 70% 정도로 만족해야 하는 삶, 그랬다면 항상 허기진 듯한 삶은 아니었을 텐데…. 지나침은 바로 공백과 같음을 알지 못했다.

계영배는 인생이었다. 자연과 사람이 함께 키워나가는 인삼의 고장에서 사람살이에서 가장 중요한 한 가지를 배웠다. 순리였다. 그리고 비움이었다. 홍삼의 면역력이 탁월하다고 하지만 사그라지려는 내 건강을 100% 책임지라고 할 수는 없었다. 그것도 70% 정도에서 만족해야 한다.

많은 세계인들이 찾아올 때 그들에게도 계영배를 소개하며 욕심 없이 살아야 한다고 가르치던 우리 조상들의 현명함도 전할 수 있다면 일거양득이 아닐까. 설령 행사의 만족도가 70%에 머물러도 그대로 받아들여야 한다면 이 역시 아쉽지만 어쩌랴.

훈데르트바서의 창

 비 내리는 오스트리아 빈에서 훈데르트바서의 작품을 보았을 때 내게 온 것은 신선함이었다. 두 번을 보았는데 공교롭게도 모두 비 오는 날이었다. 비가 내리기에 유난히 빛나던 알락달락한 색깔의 그 건축물, 그의 작품인 「훈데르트바서 하우스」는 빈 시영 아파트 건축 공모전을 통해 채택된 것이라고 했다. 벽면의 대부분은 창문으로 되어 있고 파란 담장이 덩굴이 부슬부슬 내리는 비를 타고 사방으로 기어오르고 있었다. 자연과의 조화와 세계인의 평화를 위해 일생을 바친 그의 작품 중의 하나였다. 바람은 비에 젖은 채 자연을 숨 쉬고 있었다.
 그는 1928년 오스트리아 빈에서 태어나 제2차 세계대전을 경험했으며 일찍 아버지를 여의고 유대인 어머니의 보살핌 속에서 성장했다고 했다. 1938년 그와 어머니가 나치에 의해 다뉴브 운하 부근으로 강제 이주를 당했는데 그것이 그가 자연과의 교감이 이루어진 계기가 아닐까 생각되기도 했다. 아름다운 다뉴브 강가에서의 유년의 기억. 전쟁이 끝날 무렵 그는 "농장에서 일할 때 풀이 얼마나 푸르며 땅이 얼마나 진한 갈색을 띠고 있는지 보았다. 그때 나는 화가가 되기로 결심했다."라고 했으니 자연이 그를 화가로 만들었는지도 모를 일이었다. 그래서인지 처음 그의 작품을 접했을 때의 느낌은 푸른 색깔의 눈부심과 희망의 노래였다.

그런데 잊고 있었던 그와 그의 작품을 서울, 예술의 전당에서 다시 접하게 되었다. 「훈데르트바서 2010 한국전시(2010. 12. 5 - 2011. 3.15)」에서였다. 빈에서의 감동이 물결쳐왔다. 단순한 미술 전시가 아니었다. 꿈이 있고 즐거움이 있으며 평화가 숨 쉬는 조화로운 축제의 한마당이었다.

수채화와 목탄화, 60점이 넘는 순수유화와 30여 점의 그래픽, 건축모형 8점, 직조(織造)의 태피스트리 5점으로, 소재들은 지구를 사랑하는 그의 철학을 완벽하게 대변하고 있는 듯했다.

초기 작품으로 보이는 수채화는 풀처럼 보였다. 푸름이었다. 비가 내리고 다뉴브 강을 배가 건너고 있었으며 어머니와 자신의 초상화가 있었다. 그림으로 승화된 유년이 그림 속에 뿌리를 내리고 있었다.

그는 해를 거듭하면서 점점 여러 형태의 모양과 화려한 색깔들의 작품들을 등장시켰다. 머무르는 어느 곳에서나 그림을 그렸고 직접 만들어 사용하였다는 물감의 종류도 다양했다. 수채물감, 유화물감, 달걀노른자와 아교를 섞어 만든 달걀 템페라, 광택제, 흙이 어우러져 한 작품 속에서도 질감과 색감이 눈부시기만 했다. 그러나 그를 잘 드러낸 것은 포장지를 재활용하여 캔버스로 사용한 것이었다. 자연에 대한 사랑이며 지구 사랑이었다.

그의 작품 「노아의 방주 2000」에서 그는 "당신은 자연에 들른 손님입니다. 예의를 갖추십시오."라고 말하며 환경보전의 캠페인을 벌이기도 했다. 그는 화가로서 일생을 다한 것이 아니었다. 딱딱하고 비효율적인 건물들을 부드러운 선으로 재구성하여 자연과 예술이 공생하게 만든 건축 치료사였다. 딱딱한 신학교나 탁아 시설도 그의 손길로 고쳐져 리모델링된 것은 평화롭고 안온해 보였다.

그러나 내게 가장 크게 다가온 것은 그의 그림이나 건축물에서 보았던 창(窓)이었다. 직선의 창은 거의 없었다. 물론 그의 그림에도 마찬가지였다. 어떠한 건축물도 나선형이거나 곡선이었으며 계단조차도 곡선이었다. 그러니 창도 마찬가지일 수밖에 없었다. 건물에는 유난스레 창이 많았으며 창의 크기는 모두 달랐다. 알락달락, 크고 작고, 둥글고 네모지고, 수많은 창들이 건물의 외벽을 장식하고 있었다. 그는 「창문에 대한 권리」라는 작품에서 '멀리서도 사람들이 창문 속에는 자유로운 사람이 살고 있다는 것을 알게 해야 한다'고 설명할 만큼 그의 작품 속의 창은 동화의 나라를 방불케 했다.

'창'이란 무엇인가. 자유로움이다. 넘나듦이다. 광활함이다. 하늘과의 대화 창구이며 무한한 희망이다. 그는 화가이기 이전에 인간애로 희망을 싹 틔우고 간 열정의 농군이었다.

자연을 사랑하고, 색이 제 빛을 발할 수 있는 비 오는 날을 더없이 좋아하던, 그리고 창에게 권리를 부여해 주던 그는 2000년 태평양을 항해하던 엘리자베스 2호에서 심장마비로 잠들었다. 그는 창밖으로 푸른 하늘을 바라보고 있었던 것은 아니었을까. 그의 가슴에 또 하나의 창문을 열어 둔 것은 아니었을까. 새로운 창조를 위한 창을. 그의 유언에 따라 뉴질랜드에 있는 그의 마당, '행복한 죽음의 정원'의 튤립나무 아래 잠들었으니 자연이 그의 벗이 되어 준 셈이다. 자연과 환경에 대한 사랑을 남김없이 표현하고는 사랑하던 자연으로 돌아간 그는 「자연과 인간의 공존」이라는 커다란 창을 우리의 몫으로 남기고 갔다.

그 늘

경춘선, 굴봉산역에서 친구를 기다린다. 기다림도 지루하지는 않다. 태양을 데리고 온 여름이 곁에 와서 앉는다. 여름은 여행에의 유혹인지도 모른다. 하루 만의 산책, 하루 만의 여유를 허락해 주기도 한다. 그리고는 가슴을 열고, 모두를 내려놓고 쉬었다 오라고 꼬드기기도 한다. 못 이긴 체 나서서 J식물원으로 가기로 했다.

나는 산책을 좋아한다. 트래킹을 하기도 한다. 동네의 쌈지공원에서 가까운 남산, 야들야들한 들꽃을 보기 위해서는 태백 분주령까지 가기를 마다하지 않는다. 뿐만 아니라 편백나무의 그윽한 향과 피톤치드를 폐에 가득 담고 싶어 장성의 축령산도 멀다 않고 달려간다.

그렇다, 푸름이다. 나를 기다리고 있는 것은 푸름이다. 이 푸름을 내게 주고 간 친구를 잊을 수 없다. 세상을 떠난 지 벌써 2주기를 맞이하는 친구는 내 건강이 좋지 않음을 아는지라 무농약의 채소를 길러 공급하겠다며 주말농장을 시작했다. 상추, 쑥갓, 고추, 부추 등이었던 것 같다. 두어 해 하더니 힘에 부쳐 도저히 할 수 없다고 했다. 여름날은 이른 아침에 밭에 나가 벌레를 잡아야 하는데 그 벌레 잡기가 가장 힘들다고 했다. 태양이 어느새 머리 위에 사정없이 내리쬐기 시작하면 그날의 일은 끝내야 한다고 했다. 자기가 먹기 위해서가 아니라 나를 위해서였다. 단지 나를 위해서. 미안할 것도 하나 없는데 미안하다는 말을 끝으로 주말농장을 접고 말았다.

그러더니 어느 날 산을 찾아다니거나 식물원으로 가자고 했다. 그것이 오늘날 하루라도 푸른 숨을 쉬지 않으면 견딜 수 없게 된 계기가 된 것이다. 그는 가고 없지만 그의 숨결처럼 남겨진 것은 자연과 더불어 숨 쉬고 푸른 그늘 속에 나를 내려놓게 하는, 아니 나무 품속에 나를 맡기는 것이다.

J식물원을 들어서니 먼저 반겨 주는 것은 '큰꽃으아리'였다. 붉은 건물 벽을 용케도 기어올라 환한 얼굴로 웃고 있었다. 이 식물원의 여름은 순백이라고 한다. 하얀 데이지가 작은 언덕을 덮었다. 길가를 따라 좁쌀나무도 한몫을 하고 있었다. 파라솔을

쓴 사람들이 나무 아래로 그림자를 지으며 데이지 곁을 걸어가고 있었다. 옷깃에 사운사운 소리를 냈다. 붉은색 일본 조팝나무가 드문드문, 오히려 순백을 더 드러내 주고 있었다.

꽃들의 웃음이 잔잔하게 귓가를 스쳐갔다. 깊지 않은 나무숲 속을 찾았다. 숲을 이루기엔 부족한 듯하지만 긴 역사의 수목원이 아니니 어쩔 수 없지 않나 싶었다. 아직 푸른 잎이 없는 '물박달나무'라는 팻말을 달고 있는 나무를 보았다. 둥치에 껍질이 닥종이처럼 더덕더덕 붙었다. 겨울을 이겨낸 인고의 흔적인 것 같아 대견해 보였다.

조금 더 걸어 들어가니 빨간 열매들이 땅바닥을 멍석 깔듯해 두었다. 오디였다. 고개를 들어 보았더니 아직도 오디가 주렁주렁 매달려 있었다. 그때서야 이 수목원에 뽕나무가 지천으로 널려 있음을 알게 되었다. 발걸음을 옮기는 곳마다 작디작은 오디는 외마디 소리로 터지곤 했다.

오디철이 되면 잊을 수 없는 후배 생각으로 뽕나무 아래 앉았다. 그때 때를 맞춘 듯 날아온, "선배님, 오디잼 가지러 언제 오시지요?" 간이역, 심천에서 날아온 메시지다. 음악에 묻혀 사는 여인, 모든 게 아쉬워도 자연의 힘으로 살아가는 후배다. 야산에서 오디를 장대로 털어서 오디잼을 만들어 몇 년째 주고 있다. 오디를 털 때마다, 아니 오디잼을 만들 때마다 그녀는 마음 밭에 사람들의 이름을 하나씩 새긴단다. '이건 누구 몫, 이건 또 누구에게⋯.' 자연이 그녀에게 안겨 준 선물이다. 점점 넓어진 그녀의 마음은 멀리 서울에까지 와서는 나를 부른다.

그녀를 그렇게 만든 것은 무엇일까. 고향 같은 자연이라는 생각이 든다. 서울에서 하루에 두어 번 있는 경부선 열차를 타고 두 시간쯤 내려가면 물 맑고 공기 좋은 충청도 심천역에 도착한다. 거기에 똬리를 튼 지도 꽤 오래 되지 않았을까. 그녀의 집엔 화선지에 손수 그린 나무들이 벽을 장식하고 있다. 미술 선생이라는 칭호보다 더 잘 어울리는 '부지런한 아낙'은 오늘도 자연을 주무른다. 주무른 자연은 많은 사람들의 가슴에 시원한 바람이 되어 안긴다.

그늘이다. 너풀너풀 춤추는 가로수 아래 힘든 몸 내려놓을 수 있는 그런 그늘이다. 그녀는 그늘이 되었다. 쉼터가 되었다. 손짓하는 쉼터가 되고 말았다.

그녀에게 답신을 보낸다.

"바람처럼 갈게요. 기다리세요. 스테인리스 반짝이는 대문을 열고 들어서면 얼굴 내밀어 반겨 주세요."

식물원을 내려왔다. 어두워지고 있었다. 그늘마다 짝지은 사람들이 숙면한 사람들처럼 편안한 얼굴로 일어서서 돌아갈 채

비를 한다. 가슴에다 늘푸른 나무를 심어주고 일찍 하직한 친구와 지금도 손짓하며 부르고 있는 넓은 그늘의 후배가 시원한 샘물이 되어 온몸을 흐른다. 힘이 솟는다.

그렇다. 자연이다. 이곳저곳 병(病)주머니 매달고도 너끈히 살아가는 나의 힘의 원천이다. 그리고 더 큰 버팀목으로 있어 주는 이웃들이다. 자연에 취해 살아가는 사람들이다.

바통을 이어 받듯 봄에서 겨울을 이겨내며 또 하나의 나이테를 더할 울울한 나무들을 보며 나는 숲 같은 그늘은 아니어도 내게 손 내미는 사람들에게 작은 그늘이 되어 가슴을 시원하게 해 주는 청량제라도 되리라 생각하며 마음이 바빠져 총총히 떠나왔다.

숭어

 깊어가는 가을이 바다를 물들이고 있었다. 궁평항에 도착했을 때 전망대에는 낚시꾼들이 낚싯대를 던져 놓고 찌가 움직일 때까지 숨을 죽이고 있었다. 제법 큰 숭어를 네 마리나 낚은 어르신은 손끝에 힘이 들어가고 깊이 팬 얼굴 고랑을 기쁨이 메우고 있었다.
 이곳저곳에서 낚시를 하던 사람들이 큰 숭어만 낚아채는 어르신의 낚싯대가 바르르 떨릴 때마다 흘깃거리며 자기네들의 낚싯대에 힘을 주기도 했다.
 숭어를 얼른 카메라에 담으려했다. 그러나 그 파닥거리는 몸부림이라니! 필사의 노력을 보면서 나도 모르게 셔터를 누르고 말았다. 꿈틀거리는 숭어가 구원을 바라듯 나를 바라보고 있었다. 이런 광경을 찍겠다고 궁평항에 온 것은 아니었다. 바다냄새가 그립고 그림처럼 자취를 감출 일몰의 일순(一瞬)을 카메라에 담고 싶어서 온 것이었다. 숭어의 몸부림은 의외였다.

살아있음을 확인 시켜 주는 몸짓이었다. 생선이라는 이름으로 밥상 위에서 곧잘 만나는 물고기 한 마리가 그날따라 왜 그리 가슴에 전율을 일으켰는지 알 수 없다. 비수처럼 꽂혔던 햇살을 받아 파닥이던 숭어를 보는 순간 염상섭의 「표본실의 청개구리」가 떠오르고 말았다. 해부된 채 칠성판에 누운 듯한 개구리를 가리키며 "여러분 아직도 살아 있는 것을 보시오"라고 하던 선생의 목소리는 내게 던지는 소리였다. 생명이란 얼마나 존엄하고 포기할 수 없는 것인가를 숭어는 파닥이며 보여 주고 있었다.

젊은 날, 죽음을 꿈꾸던 날들이 많았다. 산다는 것이 얼마나 신성하며 매 순간들이 다시 경험할 수 없는 값진 시간임을 생각하지 않았다. 진학의 꿈을 포기했던 날의 좌절, 그리고 다시 진학의 꿈을 이룰 때까지의 고통, 부모님의 부재가 주는 막막함, 사랑하는 사람과의 결별로 받았던 상처, 내 정체성에 대한 막연한 불안 등으로 밤마다 죽음을 생각했다. 죽음만이 모든 것을 잊어버릴 수 있으며 그러한 죽음은 마땅하다고 생각하기도 했다. 물론 누구도 사랑하지 않았다.

사랑이 없다는 것은 무서운 일이었다. 나를 사랑하지 않으니

숭어 · — 213

어찌 이웃에, 아니 함께 호흡하는 생명체며 자연에 애정이 있었겠는가. 사랑이 없으니 죽어가는 것에 대한 연민도 있을 수 없었고, 나아가서는 감사의 감정도 갖지 못했다.

그런 내게 병마가 찾아왔고 급기야는 입원을 하게 되었다. 병원에 입원해서 목격한 또 한 사람의 죽음이 생각의 전환점이 되어 나를 돌려세웠던 것일까. 2인용 입원실에서 젊은 아낙과 보름 이상을 함께 지내며 동병상련으로 서로를 위로하며 힘을 실어주곤 했다. 죽음을 그린다는 것은 있을 수 없는 일이었다. 그 그림자조차도 무서웠다. 병원을 나설 수 있기를 바라는 희망으로 시간을 죽이기도 했다. 아낙은 집을 지어 사고팔고 하면서 꽤 돈도 모을 만큼 모았다고 자랑하기도 했다. 감기 한 번 앓은 적이 없다고 했다. 아니 앓을 시간조차 허락 받을 수가 없다고 했다. 그러던 어느 날 밤 여인은 복수가 찬 채 힘겨워 하더니 결별의 인사도 없이 흰 천으로 얼굴이 가려진 채 떠나갔다. 삶에의 의지가 무참히 꺾인 채 실려 나가는 것을 본 순간, 죽음에 대한 공포로 떨었다. 아니, 불면의 밤을 보냈다. 차라리 안정을 위해서 퇴원하라는 주치의의 권유가 있기까지. 내일 아침이 내게도 존재하지 않을지도 모른다고 생각하게 되었다. 그 순간 눈뜸에 대한 감사가 나도 모르게 입 밖으로 나왔다. 하루를 허락해 주신 보이지 않는 손길에 감사했다. 그리고 칼 라일의 시 「오늘」을 읊조려 보았다.

　　…우리가 살고 있는 날도 오늘
　　우리가 사용할 수 있는 날도 오늘
　　우리가 소유할 수 있는 날도 오늘일 뿐
　　오늘을 사랑하라 오늘에 정성을 쏟아라…

　생명의 귀함을 느끼면서 덤으로 자라는 것은 사랑이었다.
　생성과 소멸은 지구상에서 매일 일어나고 그것은 인간의 힘으로 이루어지는 것이 아니었다. 자연의 순리였으며 눈에 보이지 않는 힘이었다. 멋모르고 그 위대한 힘에 도전하곤 했던 돈키호테 같았던 자신이 부끄러울 뿐이었다.
　그러기에 파닥이는 숭어 한 마리가 가슴에 파문을 일으켰나 보다. 저녁 밥상 위의 꽁치 한 마리도 그런 과정을 치르며 놓인다는 사실이 새삼 감사로 다가왔다. 하나의 생명이 내게 와서 자양분이 되었다. 살아 있는 생물체들은 인간을 위해 어미 펠리컨처럼 한없이 주기만 하다가 숨을 거둘지도 모른다. 어찌 사랑하지 않을 수 있으며 감사하지 않으랴. 줄줄이 클로즈업 되는 생명체들.
　그렇게 생을 영위해 나가는 나는 또 얼마나 대단한 존재인가. 나뿐만이 아니라 그런 시간을 메워 가는 이웃들에게도 경의를 표하고 싶다.

이스트우드의 밤

　호주에서 갖게 된 제17회 '(사)한국수필가협회 해외 심포지엄 및 낭독의 밤' 둘쨋날이었다. 전날 한인회관에서 세미나와 심포지엄이 있었지만 (사)호주한국문학협회 회원들을 개인적으로 접촉해서 얘기들을 나눌 수 있는 시간은 없었다. 그러기에 다음날 만났을 때는 처음인 듯 가슴이 설레었다. 공유할 수 있는 언어가 있고 감정이 있으며 당사실처럼 풀어낼 이야기들이 많으리라 생각하고 있었기 때문이었다.
　만남의 장소는 한인(韓人)과 중국인들의 상가가 즐비한 동네 이스트우드에 자리잡은 아리산이라는 음식점이었는데 건너편 학교 마당에는 보랏빛 자카랜다 꽃이 흐드러지게 피어 있었다. 그들은 여름을 알리는 이 꽃에서 고향을 느낀다고 했다. 보라색이 주는 몽환 같은 이미지 탓이리라. 어느 것 하나에도 고향과 고국을 결부시키고 싶지 않으랴. 버리고 간들, 쫓겨 간들 어찌 잊겠는가. 탯줄인데….

 낭독의 밤이었지만 귀담아 음미하기보다는 말이 고픈 사람들이라 이야기 나눌 시간을 더 기다리는 눈치였다. 사회자는 어색하지 않게 작품 낭독을 적당히 잘라 버리고 자유로운 대화의 시간을 갖게 했다. 테이블마다 고국의 문인과 현지의 문인들이 섞여 앉은 탓에 이야기꽃은 자연스레 만발하게 되었다. 흥을 돋우는 K수필가의 멋들어진 창(唱)이 와인만큼이나 취하게 만들어 대청마루에서 별을 바라보며 이야기를 나누는 것 같았다.

 그들은 질곡의 세월이든, 글로벌 시대에 놓여 있는 현재의 상황이든 모국어로 자신의 정서나 사상을 유려(流麗)하게 표현할 수 있기를 갈망하고 있었다. 모국어로 표현할 수 있는 문학이 그들에겐 더 없는 위로였다.

 타향의 하늘, 일터에서 정신없이 일하다 느끼는 배고픔 같은 갈증. 만삭의 아낙이 쉬이 몸을 풀지 못할 때의 안타까움처럼 목젖에 걸려 있는 언어들을 뱉어내기가 쉽지 않다고 했다. 그것은 나도 마찬가지였다. 문학의 여정이 쉽고 평탄한 길이 아니기에 함께 풀어야 할 공동의 과제라는 생각이 들었다. 그러나 그들에게는 타국이기에, 힘이 되어 줄 단체나 활동무대가 좁은 것이 큰 애로였다. 이런 어려움을 무릅쓰고 문학의 길로 들어선 그들에게 박수를 보내고 싶었다.

이역의 땅이라면 호주라는 나라가 아니라도 마찬가지인 것 같았다. 캐나다로 이민 간 친구도 그러했으니…. 친구에게 보내려고 써 둔 글을 생각했다.

무던한 삶에 응석 부리듯
그대는 떠나갔지
생활의 옹이 어루만지며
마음 밭에 심어 둔 육사의 청포도 대신
반액대매출의 사과나무를 사다 심으며
자유를 키우는 친구여
국어선생보다는
슈퍼마켓 여주인이 더 수월해 보이건만
모국어가 저리도록 마려워
턱 괴고 앉아 이역 이야기
굽이굽이 말아 보낸 친구여….

친구는 말이 마렵고 고프다고 했다. 그러던 친구는 새록새록 새롭게 다가오는 모국어로 첫 시집을 보내왔다. 호주에 있는 그들도 그랬다. 모국어로 꽃피우는 문학, 문학의 전령사가 되어 우리의 혼을 이국의 땅에 심을 꿈을 꾸기 시작한 것이었다.

꿈의 바탕은 무엇이었을까. 유년이었다. 아니 고국에서의 눈물이었다. 펼치고 싶은 날갯짓이었다. 그 날갯짓의 시작은 구절 양장의 아픔과 시름과 잃어버린 것에 대한 그리움으로 문을 열었지만 이젠 그 그리움에서만 머물러 있는 것이 아니었다. 절제된 망향의 정을 희망찬 내일의 바탕으로 삼아 모국어를 값진 문학으로 꽃피우고 있었다. 격랑의 세월 속에서도 이어갈 호주에서의 '한국문학'을 위해 그들은 한마음이 되어 있었다.

그러나 이역에서의 삶이 만만치 않으니 그 삶 속에서 문학의 길을 걷는다는 것이 얼마나 어려운 일인가. 우리들의 방문은 한국수필의 현주소를 알림에도 있었지만 그들이 어려움 속에서 연면(連綿)히 우리 문학을 이어가는 역할을 해 주기를 바라는 마음이 더 컸는지도 모른다.

손에 들려진 『호주한국문학』(통권 4호)에는 그들의 자부심처럼 한국의 얼을 지키는 순수문학지라고 씌어 있었다. 그것은 삶 속에서 캐어낸 보석들이며 그들은 바로 그 정련사(精鍊師)였다. 우리의 문학이 그곳에서 튼튼하게 뿌리내릴 수 있기를 바라는 마음이었다.

대화를 끊을 만큼 소란 떨듯 울어대는 새소리가 들렸다. 사람들이라면 쌈질이라도 한다고 느낄 만큼 요란했다. 새의 이름을 물었더니 저녁이면 귀소 본능으로 이 집으로 돌아와서는 시끄럽게 재잘대는 '진홍잉꼬'란다. 온종일 일어난 일을 그들은 노래로 읊고 있었다. 호주에서의 한국문학이 굳건히 자리 잡기를 바라는 우리들의 마음을 새들은 이미 알고 있었다.

이스트우드의 밤 · — 219